新版

ピザ窯・パン窯の作り方

石窯作りDIYガイドの決定版

Perfect guide for outdoor oven making

Contents

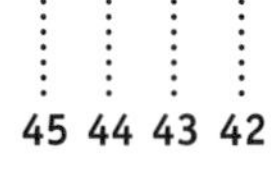

Part 4

二層式のピザ窯・パン窯実例集

Examples of two-tier oven

Part 5

ピザ窯・パン窯の使い方とレシピ

Way of outdoor oven using

Part 6

ピザ窯・パン窯のパーツの作り方

Another idea for outdoor oven making

＊掲載している資材の仕様・価格・問い合わせ先などのデータはすべて取材時のもので、変更される可能性があります。
＊本書をもとに製作する場合および火気を扱う場合は、安全に十分留意のうえ、個人の責任で行なってください。

あなたが作る窯で焼いたピザやパンが衝撃的においしい理由

ひとつ、
蓄熱した窯が遠赤外線を放射し、
ピザやパンを内側から加熱するから

ひとつ、
窯内部に生まれる熱風の対流が、
ピザやパンを包み、
旨みや水分を逃がさないから

さあ、ピザ窯・パン窯作りを始めましょう

ひとつ、
頭と体をフル活用し、
ときには失敗しながらも、
見事に作り上げたというストーリーがあるから

ひとつ、
家族や仲間が、
「すごい！」「おいしい！」
と、ほめたたえてくれるから（たぶん……）

Part 1

Structure of outdoor oven

ピザ窯・パン窯の構造

まずはピザ窯・パン窯の構造を知ろう。
それはシンプルなものだが、いくつかのタイプがある。
自分はどのタイプの窯を作りたいか、じっくり検討しよう。
設計にあたっては、窯本体だけでなく
土台や屋根などについても考える必要がある。
理想とする窯のトータルデザインを思い描こう。

単層式と二層式

ピザ窯・パン窯は単層式と二層式に大別できる。単層式は空間がひとつだけの、よりシンプルなタイプ。火を焚いて窯を十分に熱したら、薪や灰を片づけ、同じ場所でピザやパンを焼く。空間をひとつだけ作ればいいので、後述の二層式に比べて作るのは簡単といっていい。

作るのが簡単という点ではＤＩＹ向きといえる単層式だが、実は多くのピザ焼きのプロが愛用する本格タイプでもある。二層式のように簡単に追い焚きすることができず、窯に蓄えた熱だけで焼くため（ピザやパンの周囲に熾き火を置くケースは多いが）、温度の管理は少しシビアになるものの、それゆえに窯ならではのおいしいピザやパンが焼けるというのが、その理由。

ピザ焼きのプロの場合は、毎日のように窯を使うため蓄熱にさほど時間を要しないかもしれないが、たまにしか使わないＤＩＹｅｒが単層式を選ぶなら、効率よく蓄熱する方策を立てると、パフォーマンスのよい窯になるだろう。たとえば、窯のサイズを小さくしたり、薪が燃えやすいよう煙突をつけたり、断熱層を厚くして熱が逃げにくくしたりということが考えられる。より本格を目指して煙突のない大きいサイズの単層式を作り、ピザを焼く前日から窯を温めるこだわり派もいるが、もちろん、それもよしだ。

一方の二層式は、火を焚く空間（燃焼室）と、ピザ・パンを焼く空間（焼き室）を分けるタイプ。上層でピザやパンを焼きながら、下層で火を焚けるので、長時間にわたり窯の温度を下げず、たくさん焼き続けることができる。

二層ある分、蓄熱すべき体積が増えるが、火床の上に焼き床がつながり排気経路となることで、単層式に比べて薪が燃えやすいのは利点。また、蓄熱は欠かせないが、直火の火力もピザやパンを焼くための助けとなり、ほぼ蓄熱だけで焼く単層式に比べ、熱をコントロールしやすいといえる。

二層式を作るうえでポイントとなるのは、上層の床（焼き床）の構造。下が空洞なので、普通サイズの耐火レンガをそのまま並べるわけにはいかない（が、Ｐ92をご覧いただけば普通サイズの耐火レンガを並べる方法もあることがわかる）。一般的には、大判の耐火レンガや大谷石などを側面に渡したり、耐火キャスタブルで自作することが多いようだ。

二層式窯の焼き床の例

普通サイズの耐火レンガを並べて焼き床を作った例。レンガは、側面に渡した鉄のアングル材に載っている。レンガにはアングル材がはまるように切り込みを入れており、ひとつのレンガを2本のアングル材で支えている（P92参照）

自作の型枠に耐火キャスタブルを流して焼き床を作った例。サイズは45×700×825㎜（P88参照）

65×230×685㎜の耐火レンガを、手前から奥に3枚並べて焼き床を作った例。火床（下層の床）も同様にして作っている（P22〜参照）

単層式

薪を燃やす火床と、ピザやパンを焼く焼き床をひとつの床で兼ねる。しっかりと蓄熱したら薪や灰を片づけ（または端に寄せ）、濡らしたモップなどで床を拭いてからピザ生地・パン生地を置く。シンプルな構造で作りやすい。また、薪を燃やすところと、ピザ・パンを焼くところの高さが同じというのは、二層式に比べて作業性がいい

二層式

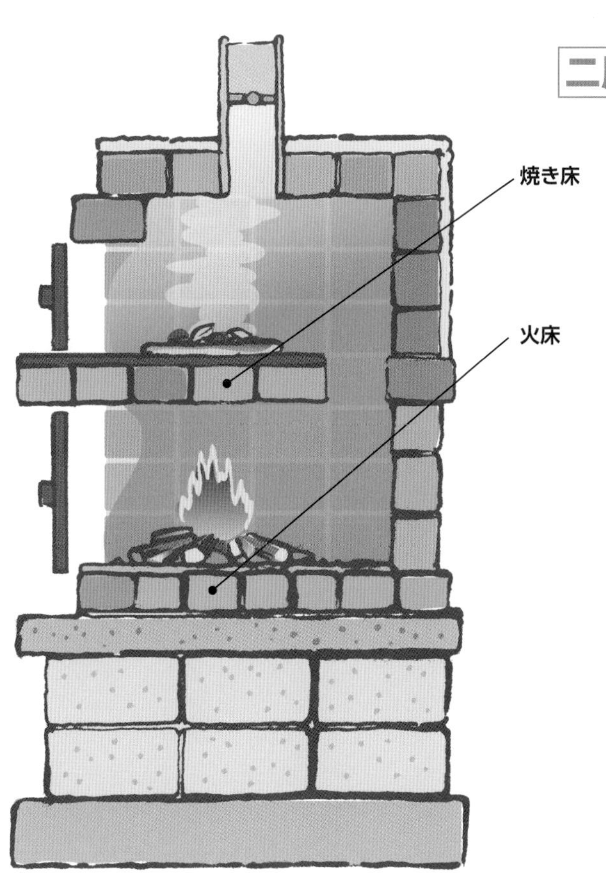

火床と焼き床が分かれる。ピザ・パンを焼きながら、薪を燃やすことができるので、長時間高温を保つことができる。また、焼き床でピザ・パンを焼き、同時に火床でダッチオーブン調理や直火調理ができる。単層式に比べると焼き床が灰などで汚れにくい

窯内部の形

窯内部の形は、主に3つに分かれる。ひとつはドーム形。つまり半球形だ。この形がもっとも人気が高いといっていいだろう。全体が曲面なので炎や熱がスムーズに循環するとされている。また、焼き床の中心にピザ生地やパン生地を置いた場合に、窯内面のあらゆる位置から生地までがほぼ等距離になり、効率よくピザ・パンを焼けるともいわれる。いかにもピザ窯・パン窯らしいルックスになるのも魅力のひとつだ。

ドーム形を作るには、不定形耐火物である耐火キャスタブルを使うのが手軽。砂を盛るなどして型を作り、水を加えて練った耐火キャスタブルを塗りつければOKだ。同じく不定形の粘土でも、同様の方法でドーム形を作れる。ただし粘土は雨などで濡れると崩れてしまうので、コーティングをするか、屋根をかける必要がある。また粘土を使う場合は、不定形のまま塗りつけるのでなく、団子状にしたものを型の上に並べるという手法もある。

ほかには耐火レンガでドーム形を作る方法も一般的。耐火レンガをひとつずつテーパー状にカットして組めば、とても美しく仕上がる。かなり手間がかかるが、蓄熱層を厚くできることもあり、根気よく作業できる人ならチャレンジする価値はある。半割サイズの耐火レンガを並べ、目地で調整してドーム形を作る例もある。

ドーム形とともにポピュラーなのがアーチ形。つまり正面から見ると半円形の筒状のタイプで、炎や熱の循環、生地への熱の伝導効率ともに、ドーム形ほどではないが、よいとされている。

アーチ形は、耐火レンガで作るケースがほとんど。合板と角材などでカマボコ形の型を作り、その上に耐火レンガを並べる。基本形である直方体の耐火レンガを並べ、目地の断面をテーパー状に調整してアーチ形を作るパターンと、断面が扇形の耐火レンガを並べるパターンがある。前者は表面の目地幅が太くなりがちだが、後者は細く仕上げることができる。扇形の耐火レンガは市販されており、それを使えば自分でカットする必要はない。

もうひとつはスクエア形。つまり断面が四角形の、シンプルな箱形だ。スクエア形の最大のメリットは、作るのが簡単なこと。側面に普通サイズの耐火レンガを積み、その上に大判の耐火レンガや大谷石などを載せて天井とすれば完成する。

ドーム形、アーチ形に比べれば機能性は劣るとされるが、もちろんピザやパンが焼けないわけではない。なるべく手間をかけずに窯を作りたいという人は、選択肢に入れるといいだろう。

アーチ形窯の作り方

扇形の耐火レンガを使った例（P42〜参照）

合板と角材で作った型の上に、目地用のスペーサーを挟みながら耐火レンガを並べる。角度が異なる3種類の扇形レンガを使用している

目地に耐火キャスタブルを詰める。細くて奥行がある目地に耐火キャスタブルを詰めるのは意外と手間がかかる作業

型を抜き取り、内側からも目地を整えてアーチ形窯の完成

基本形の耐火レンガを使った例（P66参照）

合板で作った型の上に、目地用のスペーサーを挟みながら耐火レンガを並べる。目地の断面はテーパー状になり、外側が大きく広がる

ドーム形窯の作り方

耐火キャスタブルを使った例（P22～参照）

砂を盛り、ドームの型を作る。このように木片などでかさ上げすると、砂の使用量を削減できる。このケースでは、窯口の型として塩ビ製の排水マスをアーチ状にカットしたものを差し込んでいる

窯の内面に砂が固着しないよう、濡らしたキッチンペーパーや新聞紙などで砂型を覆い、練った耐火キャスタブルをコテで塗りつける

表面をドーム形に仕上げる。耐火キャスタブルが硬化したら窯口から型を抜き取って完成

斜めにカットした耐火レンガを使った例

切断機などを使い、耐火レンガの3面または4面を斜めにカットする。切断機の刃はレンガ対応のもの。たくさんのレンガを一定の角度で切る場合は、写真のようにジグを用意すると作業がはかどる

合板で作ったドームの型に合わせて、カットした耐火レンガを並べる。このケースでは、窯口に既成の鉄扉をセットしている

きれいなドーム形に組み上がった窯

スクエア形窯の作り方

側面と背面に壁を立ち上げ（このケースではタフステンストーンという石材を使用）、その上に大判の大谷石を耐火キャスタブルで接着する

上段が焼き床、中段が火床、下段が薪置き場。3段とも同じ作り方のシンプルなスクエア形窯

粘土を使った例（P82参照）

粘土に細かく切ったワラを混ぜて結合しやすくしてから、団子状に小分けにする

砂型に団子状にした粘土を張りつけ、表面をドーム形に成形する。キャスタブルなどに比べればもろいが、容易に補修できるのが長所

半割の耐火レンガを使った例（P78参照）

濡らした新聞紙で覆った砂型の上に、半割の耐火レンガを目地を詰めながら並べる。このケースでは目地にモルタルを使用している

全体をモルタルで覆い、きれいなドーム形に成形。このケースでは、このあとタイルを張って仕上げている

窯のサイズ

　窯内部のサイズ設定については、実は製作後に「失敗したかも……」と考えるユーザーが少なくない。とくに聞こえてくるのが「なかなか窯が温まらない。大きすぎたのだろうか？」という声だ。

　ただ、ここで一概に適正なサイズを示すのは難しい。P10でも触れたが、窯の使用頻度や断熱性によっても蓄熱に要する時間が変わり、煙突の有無でも薪の燃えやすさが変わるように、蓄熱性だけを考えてサイズを決めるとしても、さまざまな要素が関係する。

　それに、そもそも窯に何を入れたいかということを抜きにサイズを決めるわけにはいかない。直径何cmのピザを焼きたい、パンを一度にいくつ焼きたい、ダッチオーブンを入れたい、など、用途から窯内部のサイズを導き出し、その窯をしっかり温められる構造や使い方を考えるのが本筋ともいえるだろう。

　窯内部だけでなく窯口のサイズも軽視できない検討事項だ。単純にいえば窯口が大きいと薪が燃えやすいが、熱が逃げやすい。そのバランスを考えてサイズ設定をしたいが、それはやはり窯内部のサイズなどによっても変わるはず。また、窯に入れるものが通るサイズに設定することを忘れてはならない。

　このように窯内部や窯口の適正なサイズについて具体的な数値を挙げるのは難しいが、すでに活用されている窯のサイズ、構造、用途をできるだけたくさん見比べれば、自身の作る窯にふさわしいサイズが見えてくるに違いない。P53～の実例集もぜひ参考にしてほしい。

単層式の場合は、熾き火をわきに置いた状態でピザ生地を入れられるだけのスペースを確保したい。この窯の内部の直径は約800㎜、最高部の高さは約400㎜（P54参照）

ダッチオーブンを入れたい場合は、窯内部はもちろん、窯口のサイズにも注意しよう

住宅街で煙を出せないため、炭で蓄熱する単層式の窯。炭を使うので意識的に小さくしている（内部の直径約600㎜、最高部の高さ約370㎜）。ちなみにブロワーで送風を続ければ1時間ほどで窯が温まるそう（P78参照）

構造のポイント4

蓄熱層と断熱層

窯が蓄えた熱を放射することでピザやパンが焼けるということは、P7などで述べた。また、蓄えた熱を外に逃がさないために、蓄熱層の外側に断熱層を設ければいいということは、P10などで述べた。つまりピザ窯・パン窯は、蓄熱層と断熱層をうまく組み合わせることで高機能を発揮するということだ。

蓄熱層と断熱層を作るにあたっての基本は、使用資材を使い分けること。原則として、比重が大きい材は蓄熱性が高く、比重が小さい材は断熱性が高い。また、蓄熱層には高い耐火性と耐熱性が求められるが、断熱層には蓄熱層ほどの耐火性・耐熱性は必要ない。

これらの条件から、蓄熱層に適した資材には耐火レンガ、耐火キャスタブル、大谷石などが、断熱層に適した資材にはパーライト（人工発泡体）や空気などが挙げられる。また断熱層をカバーする外装材は、耐火性が低い普通レンガでも問題ない場合が多い。

蓄熱層が厚いほど熱を蓄えるのに時間を要するが、その分、長時間にわたり熱を放射することになる。理想的な厚さは窯のサイズ同様に一概にはいえないが、たとえばP12に掲載した耐火レンガを並べたアーチ形窯なら蓄熱層の厚さはレンガ幅の114㎜程度になる。耐火キャスタブルでドーム形窯を作る場合は、50㎜厚程度で仕上げるケースが多いようだ。

断熱層は厚いほど断熱性が上がるが、多少でもあれば、まったくない窯に比べれば断熱性が向上するだろう。自身の窯の使い方を想定したうえで、蓄熱層・断熱層の資材と厚さにこだわって設計してみるのも面白いに違いない。

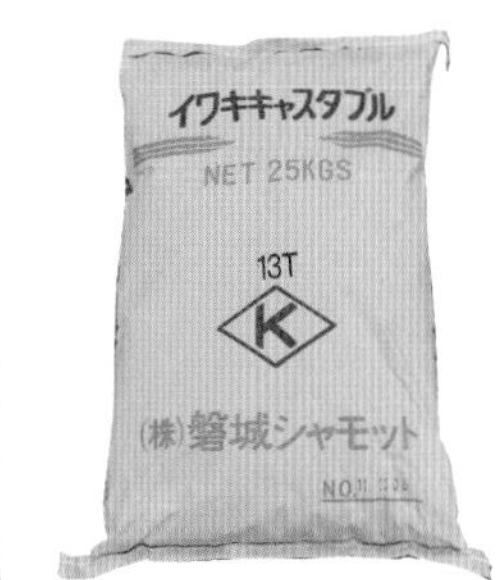

蓄熱層に適した資材の代表格は耐火レンガ、耐火キャスタブル、大谷石。耐火レンガと耐火キャスタブルについての詳しい解説はP25参照

園芸用として扱われるパーライト。多孔質で軽量、耐火性もあり、断熱材に適している

最初は右写真のように耐火キャスタブルで作ったドーム形の蓄熱層がむき出しだったが、使ってみて高温を保ちにくいことがわかったため、普通レンガで外装し、すき間にパーライト450ℓを詰めて断熱層を増設したという例。このあとパーライトの上にモルタルを塗って仕上げている（P60参照）

耐火レンガを積んだ蓄熱層の外側に積み上げているのは、その名も断熱レンガ。気孔を多く含む軽量レンガだ。ウェブショップで購入できる。なお水に弱いので防水措置は必須（P90参照）

耐火レンガで蓄熱層を作り、外側に粘土を塗っているが、実は粘土の中に不要になったナベやヤカンを埋め込んでおり、それらの内側が空気による断熱層となっているユニークな例

煙突

ピザ窯・パン窯には、煙突があるほうが薪が燃えやすいのは間違いない。とくに窯内部の温度が低いうちは、煙突が排気の流れを作ってくれないとスムーズに薪が燃えないことがある。二層式なら下層の火床で薪を燃やせば、上層の焼き床が排気経路の役割を果たすが、単層式で煙突がない場合は、着火してから燃え盛るまで苦労することも珍しくないだろう。

それでも煙突をつけないユーザーは意外と多い。理由としては、煙突をつけることで構造が複雑になるから、あるいは資材代が高くなるからというものや、煙突から熱が逃げるのを避けたいからというものがある。また、中でもドーム形窯のユーザーには、ドーム形ゆえに煙突がなくても吸気と排気がスムーズに流れやすく、困ることはないという声が少なくない。

煙突をつけるケースでは、設置場所は主に前方、中央、後方の3パターンに分かれる。つける位置がどこであれ、満足にピザやパンを焼ければ問題ない。多数派は前方で、炎（熱）が奥から窯全体を巡った後に、前方から排気されるよう想定している。できるだけ熱が効率よく巡るよう、位置を検討しよう。

前述の煙突をつけない理由にもあるように、煙突から熱が逃げるのを完全に防ぐことはできないだろうが、ダンパー（煙突口の広さを調整する装置）をつけることで大きく改善できる。煙突、ダンパーともにDIYならではの自由な発想で作られた事例がいろいろあるのでチェックしてみてはいかがだろうか。

窯の煙突を長くする場合は薪ストーブ用を使用するのが一般的。このケースでは根元にダンパーつきの管を使用。薪ストーブ用の煙突は角度を変える接続パーツもあるため、屋根をよけるようにレイアウトするのも容易だ（P84参照）

園芸用の素焼きの土管を煙突に流用した例

窯の天井後方に開口部を設け、耐火レンガで枠を作っただけの煙突。耐火レンガを抜き差ししてダンパーとする。簡易的だが、十分に役目を果たしている様子

窯に合わせて煙突もレンガ積みで製作した例。煙突のトップは雨が入らないよう耐火キャスタブルでふさいでおり、側面に設けた開口部から煙を排出する。ダンパーは耐火キャスタブルで成形した板を抜き差しするタイプで、陶器の人形を取っ手にしているのが面白い（P94参照）

構造のポイント6

窯口の扉（フタ）

パンを焼いたり、ほかのオーブン調理をする場合は窯口の扉またはフタが欠かせない。熱が逃げないように窯口を閉じて待つ時間を設けなければならない。

一方、ピザを焼くだけなら扉やフタは必須ではない。一定の温度に達した窯であれば、窯口を閉じることなく1～2分でピザを焼くことができる。

しかし、ピザだけを焼く窯でも扉やフタを備えることをおすすめする。なぜなら、窯を使い終わったときに窯口を閉じることで、残った熾き火などを安全に消化し、火の粉が窯の外に飛び出るのを防ぐことができるため。また、使用していない間に、窯に虫などが入るのを避けるためだ。

その役割を果たすには耐火レンガを並べてフタにするだけでも十分だが、パンを焼いたりオーブン調理をする場合は、操作性がいい扉やフタを備えるのが望ましいだろう。

人気が高いのは、鉄製の扉。いかにもピザ窯・パン窯らしいルックスに仕上がるのも、理由のひとつのようだ。ただし、枠などに蝶番を介して扉をつけるとなると、誰でも手軽にできる作業とはいえない。もちろん自作したユーザーもいるが、「扉だけは知り合いの鉄工所に作ってもらった」というユーザーも少なくない。

レンガに耐火キャスタブルと漆喰を塗り、取っ手をつけたフタ

窯口の形に合わせてカットした大谷石のフタ。取っ手を削り出している（P72参照）

ネットオークションで購入したという扉。この扉のサイズに合わせて窯本体を作っている（P68参照）

取っ手、ラッチ、温度計を備えた鉄の扉。アーチ形の窯口に鉄枠をはめ込んでから、床の耐火レンガを敷いている

縞鋼板に蝶番を溶接して作った扉。裏面はケイカル板を2枚重ねにして鉄板や縞鋼板で挟んでいる。耐火性と軽さを併せ持つケイカル板を使い、断熱性のある扉に。上枠には温度計を装備

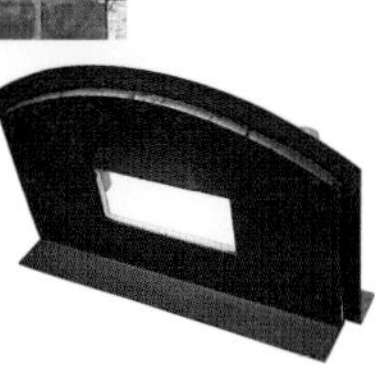
図面を自分で作り、加工は近所の鉄工所に依頼したというフタ。ケイカル板を鉄板で挟み、中央にはピザの焼け具合を確認できるように耐熱ガラスをはめている（P94参照）

土台・基礎

土台がなくてもピザ窯・パン窯は機能するが、作業性は極端に悪くなる。土台がないと、薪を焚くとき、ピザ生地やパン生地を入れるとき、いちいちかがんで窮屈な姿勢を取らなければならない。つまり土台とは、不可欠ではないが、絶対にあるほうがいいものといえる。

もっともポピュラーな土台の作り方は、コンクリートブロック積みだ。コンクリートブロックには軽量と重量があるが、圧縮強度が高い重量ブロックを3、4段ほど積み、その上に大判のコンクリート平板を載せるというのがシンプルな方法で、かつコストを抑えられる。ブロック積みの断面形状を四角形にして単純な土台とするケースもあれば、コの字形やEの字形にして、すき間を薪置き場や道具収納とするケースもある。また、ブロックむき出しのケースもあれば、塗り壁材やタイルなどで化粧をするケースもある。

ブロック積みなどで土台を作り、その上に窯を設置するとなると、重量はかさむもの。そのため、土台の下には基礎を設置するのが望ましい。実際、強固ではない地盤にそのまま土台と窯を作り、土台が傾いて窯にヒビが入ったという事例もある。

DIYでの基礎作りは、地面を掘って突き固め、そこに砕石を詰めてさらに突き固めてからモルタルやコンクリートを敷くという方法が一般的。砕石とモルタルまたはコンクリートの厚さはそれぞれ50㎜程度が目安となる。

このように基礎作り、土台作りは、肉体的にややハードな作業となりがち。窯本体の機能に直接かかわる部分ではないのに、そんなに労力をかけなければならないのか……という考えが頭をよぎるかもしれないが、冒頭で述べたとおり、土台とは不可欠ではないものの絶対にあるほうがいいものなのだ。

コンクリートブロックをEの字形に3段積み、その上にコンクリート平板を載せて土台とした例。塗り壁材で仕上げ、窯に似合う欧風な雰囲気に。すき間は薪置き場として利用している

竹を井桁に積んで枠を作り、内側にスギ板で作った箱を入れ、下部には土やガラを詰め、上部には砕石を敷いてからコンクリートを流し込んでいる。竹枠はコーナーに鉄筋を差して固定。コンクリートはワイヤーメッシュを入れ約80㎜厚で仕上げている（P70参照）

中古枕木を積んで土台とした例。1m程度の枕木を井桁に4段積み、その上に3本の枕木を並べている。枕木同士は鉄筋を介して固定（P144参照）

ブロックを四角形に5段積み、内側に100個近い土のう袋を詰めて土台を作った例。ピザの本場、イタリアの国旗に使われる赤、白、緑の各色で塗装している（P60参照）

構造のポイント8

屋根

ピザ窯・パン窯の上には、なるべく屋根をかけたい。粘土で仕上げた窯なら雨があたると崩れてしまうので屋根は必須だが、そうでなくても雨があたるのは好ましくない。耐火レンガなどで作った窯が直接的に雨によって壊れることはまずないだろうが、湿った窯を急激に熱することを繰り返すうちに目地などが疲労し、窯の崩壊にまで至ってしまったという事例はある。

仮にそこまでの心配はわきに置いたとしても、使用時にできるだけ効率よく温めるために、普段から窯を濡らさないほうが望ましいことは明らかだろう。

窯本体の雨よけという目的に限れば、屋根は小さいものでよい。窯の土台を囲むように四隅に基礎石を設置して柱を立て、屋根をかけるという程度なら、ハイレベルな技術は必要ない。また、本格的な屋根材でなくても、防火面での心配さえなければ適当な板で役割を果たすことはできる。傷んだら取り替えればいいと気軽に構えるのもありだ。

もちろん、デザインや機能性にこだわって屋根を作るのも楽しいに違いない。窯の周囲を大きくカバーする屋根をかければ、窯本体が濡れるのを防げるだけでなく、雨が降っても窯を使える場合もある。天候に左右されることなく「今週末はピザパーティー」と予定を立てられるのはうれしい。また大きい屋根は、薪の貯蔵や道具の収納にも有利だ。目一杯のサイズとデザインで魅力的な窯スペースに仕上げられれば、満足感はさらに高まるだろう。

窯に併設するバーベキュー炉までカバーできるよう、ゆとりのあるサイズで作った片流れの屋根。四隅に設置した基礎石に柱を立て、柱の上端に屋根の骨組みを接合している（P102参照）

煙突を延長するために、上にスライドする屋根。燃焼効率を高めるために煙突を真っすぐ上に伸ばしたいという願望から生まれた構造だ。ガルバリウム波板の屋根は、滑車とワイヤーによってスライドする（P66参照）

軸組工法の要領で切妻屋根の骨組みを作った例。側面と背面にもトタン波板を張り、雨対策は万全。よく使う道具を壁面のフックに吊るしている

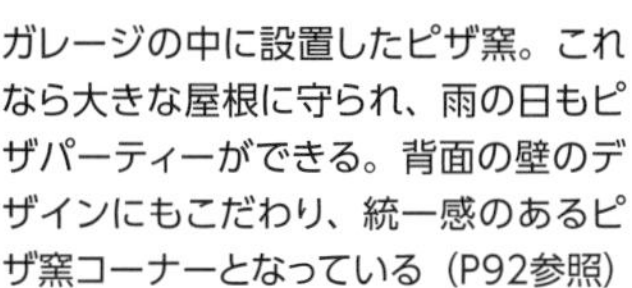

ガレージの中に設置したピザ窯。これなら大きな屋根に守られ、雨の日もピザパーティーができる。背面の壁のデザインにもこだわり、統一感のあるピザ窯コーナーとなっている（P92参照）

使用時に手軽に取り外せる屋根。または窯カバーといったところか。角材とポリカ波板で製作（P72参照）

窯をタイトに覆うように屋根と壁をつけた例。窯が小屋の一部のように見える、遊び心のあるデザインだ。支柱のアルミ角パイプは、鉢を型にして自作したコンクリート基礎石に埋め込んでいる。屋根はアルミフレームにトタン板を張ったもの。壁にはコロニアルという屋根材を使用。窓の形をマスキングして白のスプレー塗料で塗装している（P96参照）

構造のポイント9

ユーティリティー設備

ピザ窯・パン窯の基本的な構造については前ページまでで述べた。ここでは、ほかにどのような設備を併設すれば、より快適に窯を使いこなせるか検討してみたい。

まずは作業台（ミニテーブル）。窯に入れる前の生地や、窯から出した直後のピザやパンを一時的に置ける台があると便利だ。トッピングをしたり、焼き上げたものを切ったり、なにかと重宝するだろう。

土台や屋根の項でも触れたが、道具収納と薪置き場が窯のわきにあるのも効率的。タイミングが大事なピザ焼きやパン焼きの最中に、いちいち道具や薪をあちらこちらへ取りに行くのは避けたいところ。

さらに水場があれば申し分ない。食器や道具についたちょっとした汚れをすぐに洗い流せるし、キッチンのように生地や具材の仕込みから使うこともできる。水は、屋外の水栓などからホースで引いたり、ポリタンクに溜めたものを使ったりという方法が考えられる。

また、バーベキュー炉やかまどなど別のファイヤークッカーを併設し、さまざまなメニューを楽しむのも魅力的。大人数が集まる場合などは、複数のクッカーを使ってみんなで調理をすれば、盛り上がること間違いなしだ。

というように、せっかく窯を作るなら、よりいっそう充実したアウトドアキッチンになるようアイデアをひねりたいもの。窯を使う際に自分が求めるのはどんな機能か、じっくりシミュレーションして製作に取りかかろう。

窯のわきに大理石板を載せた作業台を設置した例。具材を保管するミニ冷蔵庫まで備え、ピザ生地を伸ばすところからトッピングまでここでこなせる。作業台の下は薪置き場で、側面はツールハンガーとして活用（P84参照）

窯を筆頭とする多機能なガーデンキッチンに仕上げた例。左端に窯があり、その右に耐火レンガ作りのかまどとバーベキュー炉が並ぶ。右側の木製部分は、石板を載せたそば打ち台とテラコッタ鉢を水受けにした水場の組み合わせ。収納がたっぷりあり、見栄えもいい（P86参照）

古い2連式かまどの片方をピザ窯にリメイクし、もう一方はかまどのまま活用するマルチキッチンとした例。わきに水場を設けている

背面のフェンスの一部を折りたたみ式のミニテーブルとした例。窯の横にものを置けるスペースがあれば、なにかと便利だ

Part 2

Process for outdoor oven making

ピザ窯・パン窯作り 実践マニュアル

窯の構造を把握できたら、
さっそく窯作りの流れを見てみよう。
どんな資材と道具を使い、どんな加工を施すのか。
二層式ドーム形と単層式アーチ形の2タイプの作り方をベースに
基本テクニックや基礎知識についても解説しているから
さまざまなタイプの窯作りに役立つはずだ。

二層式ドーム形窯の作り方

追い焚きができて使いやすい二層式窯の作り方を解説。
ドーム形は耐火キャスタブルを使えば、比較的手軽に作れる。
窯本体や土台の化粧、煙突の使用資材が個性的だが、
このあたりは独自のアレンジを楽しんでもいい。

製作◎木村グリーンガーデナー、ドゥーパ!編集部／資材協力◎アドヴァン、AGCセラミックス

作例の概要図

＊目地と屋根は省略／単位は㎜

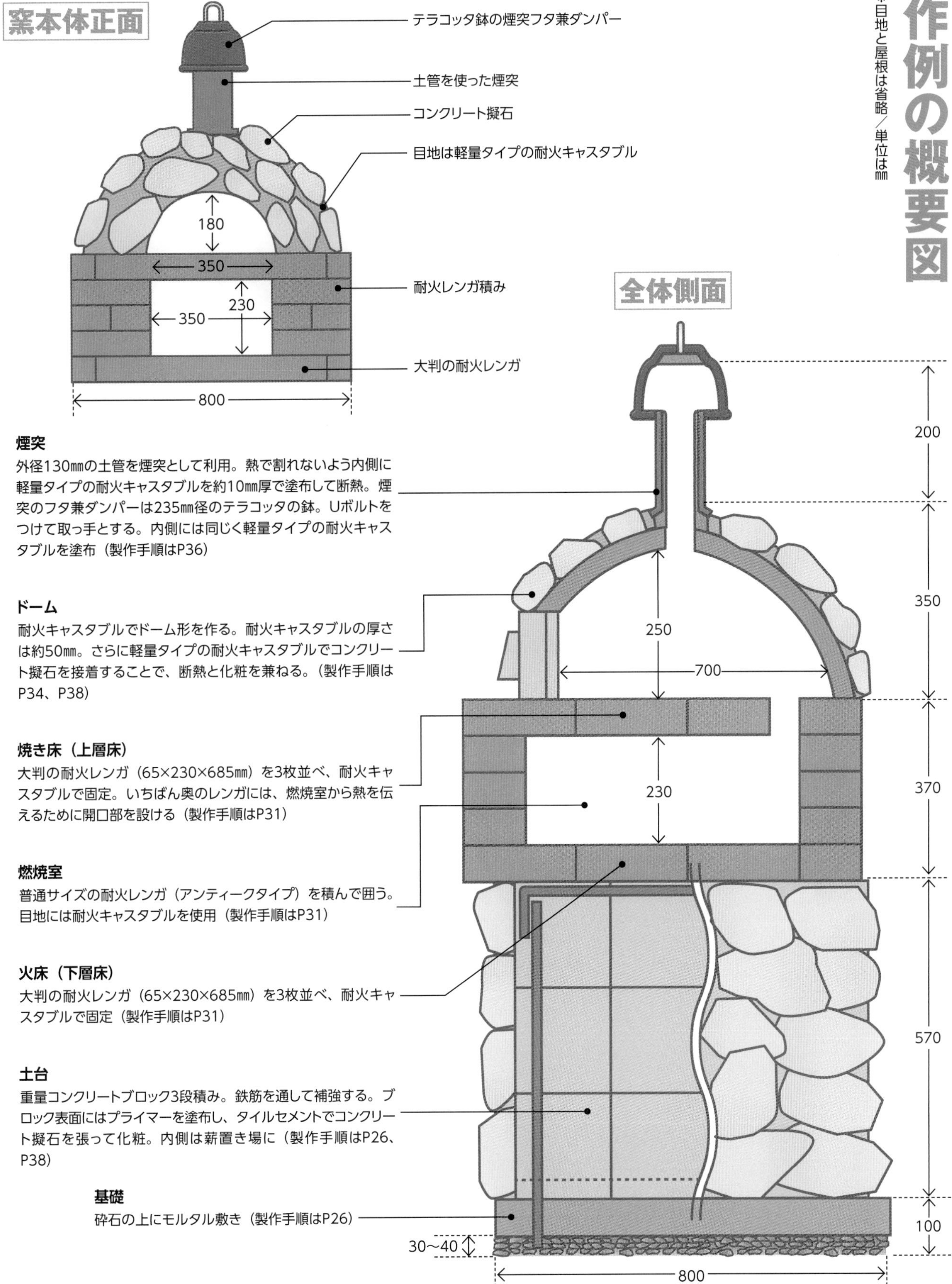

煙突

外径130㎜の土管を煙突として利用。熱で割れないよう内側に軽量タイプの耐火キャスタブルを約10㎜厚で塗布して断熱。煙突のフタ兼ダンパーは235㎜径のテラコッタの鉢。Uボルトをつけて取っ手とする。内側には同じく軽量タイプの耐火キャスタブルを塗布（製作手順はP36）

ドーム

耐火キャスタブルでドーム形を作る。耐火キャスタブルの厚さは約50㎜。さらに軽量タイプの耐火キャスタブルでコンクリート擬石を接着することで、断熱と化粧を兼ねる。（製作手順はP34、P38）

焼き床（上層床）

大判の耐火レンガ（65×230×685㎜）を3枚並べ、耐火キャスタブルで固定。いちばん奥のレンガには、燃焼室から熱を伝えるために開口部を設ける（製作手順はP31）

燃焼室

普通サイズの耐火レンガ（アンティークタイプ）を積んで囲う。目地には耐火キャスタブルを使用（製作手順はP31）

火床（下層床）

大判の耐火レンガ（65×230×685㎜）を3枚並べ、耐火キャスタブルで固定（製作手順はP31）

土台

重量コンクリートブロック3段積み。鉄筋を通して補強する。ブロック表面にはプライマーを塗布し、タイルセメントでコンクリート擬石を張って化粧。内側は薪置き場に（製作手順はP26、P38）

基礎

砕石の上にモルタル敷き（製作手順はP26）

使用資材

●使用資材一覧　＊フタは除く

材の種類	数	使用部位
耐火レンガ（65×110×220㎜）	44	燃焼室壁面
大判耐火レンガ（65×230×685㎜）	6	火床、焼き床
耐火キャスタブル（25kg）	3	ドーム、耐火レンガ目地
軽量タイプの耐火キャスタブル（20kg）	1	ドーム化粧目地、煙突の断熱
重量コンクリートブロック（120㎜・基本）	4	土台
重量コンクリートブロック（120㎜・横筋）	2	土台
重量コンクリートブロック（120㎜・コーナー）	6	土台
重量コンクリートブロック（120㎜・1/2コーナー）	6	土台
異形鉄筋（10㎜径×2m）	4	土台
セメント（25kg）	1	基礎、土台目地
砂（20kg）	8	基礎、土台目地、ドームの型
砕石（20kg）	2	基礎
コンクリート擬石（フラット・0.75㎡入り）	2	土台化粧、ドーム化粧
コンクリート擬石（コーナー・2.5m入り）	1	土台化粧、ドーム化粧
タイルセメント（25kg）	1	土台化粧
プラスチックの円筒物（400㎜径程度）	1	ドームの型
キッチンペーパー	適宜	ドームの型
土管（130㎜径）	1	煙突
テラコッタ鉢（235㎜径）	1	煙突フタ兼ダンパー
防腐済み丸杭（100㎜径×2.4m）	2	屋根支柱
SPF2×4材（2440㎜）	3	屋根方杖、桁
SPF2×4材を半分に割いた材（1830㎜）	3	屋根垂木
スレート大波（950×2420㎜）	1	屋根

その他の使用材料

ビス（65／70／90㎜）、ステンレス亀座（3/16インチ）、クギ用スポンジ（3/16インチ）、ステンレスU字ボルト（5/16インチ×60㎜）、水性塗料、プライマー

材料費の目安

約8万～8万5000円　＊フタは除く

窯のドームと土台の化粧に使用するコンクリート擬石。流れに削られて丸くなった川石を表現したタイプだ。裏面は平たくなっており、接着しやすい。製品名は「リバーロックII」で、フラットとコーナーの2種類がある。アドヴァン（HP https://www.advan.co.jp）で取り扱っていたもの

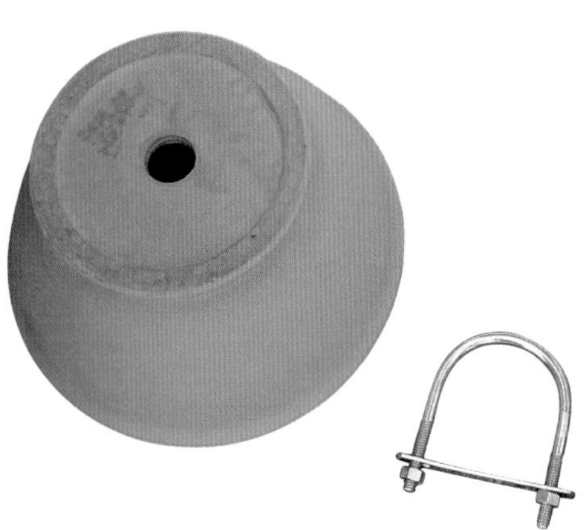

煙突のフタ兼ダンパーの材料は235㎜径のテラコッタ鉢とU字ボルト

たまたま手元にあった破損した土管で煙突を作ることに。自由な資材使いができるのもDIYのいいところ

コンクリート擬石を土台に接着する際に使用するタイルセメント

窯作りの主要資材
耐火レンガと耐火キャスタブル

DIYでのピザ窯・パン窯作りで、もっともポピュラーな作り方は、耐火レンガを耐火キャスタブルで固定するというものだ。

耐火レンガは、耐熱性を高めることを主目的に作られており、高温にも耐えられるのが特長。ちなみに普通レンガは外壁に使用されることが多く、耐候性を高めることを主目的に作られている。風雪に長年耐え、紫外線や酸性雨に対しても抵抗力がある一方、高温で使用されることは想定されていないため、常に200度を超えるような環境では強度を保てず割れるおそれがある。

耐火キャスタブルは、耐火骨材と耐熱性が高いアルミナセメントを混合したもので、耐火レンガ同様に高温にも耐えられる。これに対し普通モルタルは、普通レンガ同様に耐候性を高めることを主目的にしており、200度以上の環境には適さない。

なお、耐火キャスタブルとは別に耐火モルタルというものがある。これも耐火レンガ用の目地材だが、耐火骨材と粘土を混合したもので、固めるために800度以上の加熱が必要になる。したがって、通常そこまで高温にならないピザ窯・パン窯への使用には適さない。ただし、普通セメント（ポルトランドセメント）を添加すれば固まるので、必ずしもピザ窯・パン窯に使用できないわけではない。

耐火レンガ、耐火キャスタブルともにいくつかタイプがあるので、作りたい窯にふさわしいものを使い分けるといいだろう。

基本サイズの耐火レンガは約65×114×230㎜と、普通レンガよりやや大ぶり。表面左下に「SK34」という刻印が見えるが、これは耐熱性能を表しており、SK34は約1300度まで、SK32は約1100度まで対応する。近年はホームセンターでの取り扱いも増えている

フランスレンガという名称で販売される焼きムラがついたレンガは、耐熱性能が約1200度。つまりピザ窯・パン窯に十分使える耐火レンガというわけだ。サイズは約54×105×220㎜。ホームセンターなどで取り扱っている

二層式ドーム形窯作りで使用する大判の耐火レンガ。約65×230×685㎜で「平6丁」と呼ばれるサイズ。ホームセンターのジョイフル本田などで購入できる

二層式ドーム形窯作りで使用するのはアンティーク耐火レンガ。色も形もふぞろいだが、それが独特の味となる。約60×110×220㎜と新品の耐火レンガに比べると少し小さい。リーベ（☎047-470-9172 HP https://www.1128.jp）などで取り扱っている

アーチ形窯を作る際に最適な扇形の耐火レンガ。角度が異なる3サイズを組み合わせて、きれいなアーチ形を作ることができる（P42〜参照）。磐城シャモットなどで取り扱っている

断熱性に優れた軽量タイプの耐火キャスタブル。通常は窯や炉の内側に使う資材で、仕上がりはやや柔らかい。二層式ドーム形窯作りではドームの表面に使用するが、そういう場合は屋根をかけて雨を防ぐ必要がある。AGCセラミックスなどで取り扱っている

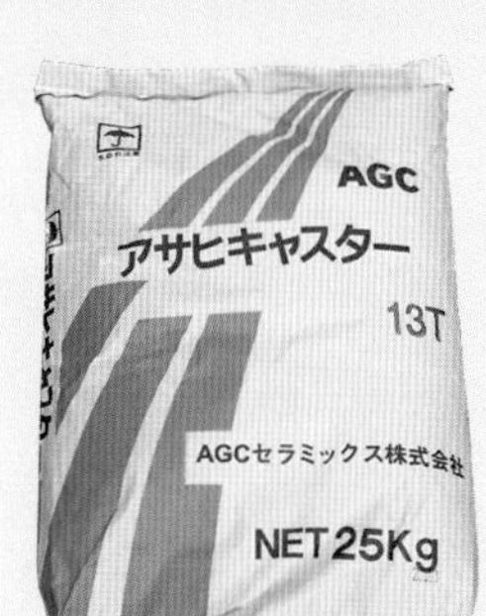

ドームの成形や耐火レンガの目地に使えるコテ塗り用の耐火キャスタブル。AGCセラミックス（HP https://www.agccshop.jp）などで取り扱っている

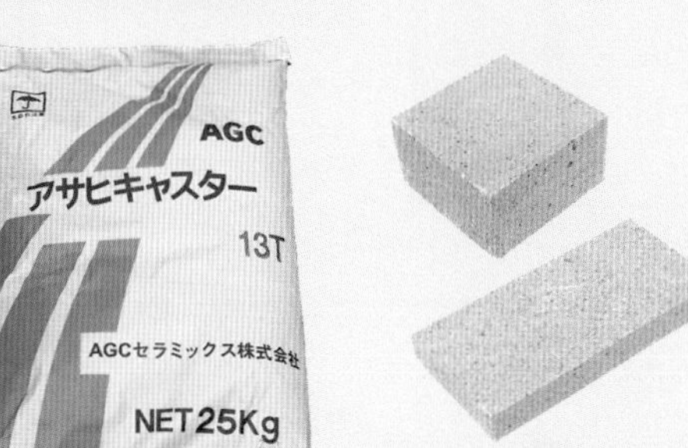

普通サイズの半分の長さの耐火レンガ（約65×114×114㎜）や、半分の厚さの耐火レンガ（約30×114×230㎜）もある。磐城シャモットなどで取り扱っている

約65×300×600㎜で「平8丁」と呼ばれる大判の耐火レンガ。磐城シャモット（☎0246-23-1634 HP http://www.iwaki-refra.co.jp）などで取り扱っている

製作手順

STEP1 基礎・土台を作る

主な使用道具

スコップ、タンパー、トロフネ、練りクワ、レンガゴテ、ブロックゴテ、仕上げゴテまたはプラスチックゴテ、目地ゴテ、水平器、サシガネ、石工ハンマー、ディスクグラインダー（金属用切断砥石、ダイヤモンドホイール）、タガネ、単管パイプ、左官ブラシ

窯を使いやすい高さに設定するため、まずは基礎と土台を作る。土台はもっともオーソドックスなコンクリートブロック積み。コンクリートブロックには圧縮強度が高い重量ブロックと、低い軽量ブロックがあるが、重量のある窯を載せるため重量ブロックを使う。またブロックの幅は100㎜、120㎜、150㎜などがあり、ここでは120㎜幅のものを使用する。

コンクリートブロック積みでは、モルタルワークが必要になる。やや体力を使うが、初心者でも十分にこなせる内容なので、P27を参考にチャレンジしてほしい。

01 施工場所を整地し、設置する土台よりやや広めにスコップで穴を掘る。ここではブロック積みの断面形状はコの字形とする。深さは約100㎜

02 手順01で掘った穴に砕石を30〜40㎜ほどの厚さになるように敷き詰め、タンパーで叩き締める

03 砕石の上に50㎜厚ほどでバサモル（水気の少ないバサバサのモルタル）を敷き、各所を水平に整える

04 ブロックを積んでいく。まず基礎の上にモルタルを2列に並べていく（P27参照）

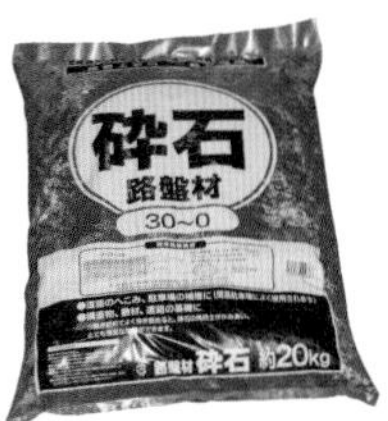

砕石は20kg入りのものがホームセンターで販売されている

タンパーは自作できる

基礎作りの際に地面を突き固めるためにタンパーという専用道具があるが、これは自作も可能。枕木など重い木材に持ち手をつければ完成だ。

枕木に角材をつけて持ち手とした自作タンパー

市販のタンパー。3000〜1万円程度で販売されている

土台作りの必須道具、水平器

使いやすい窯を作るためにも、土台は水平に仕上げる必要がある。土台を水平または垂直に作れているか逐一確認するには、水平器が便利。水中にある気泡の位置で水平・垂直をすばやくチェックできる。

水中の気泡の位置で水平・垂直をチェックする。内側の線の間に気泡が収まっていれば水平または垂直ということ

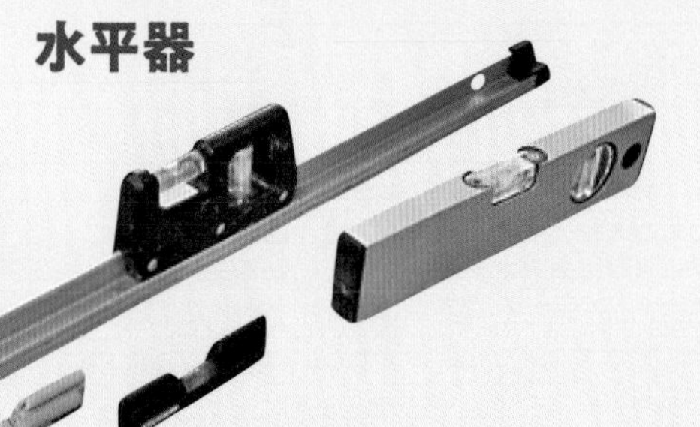

水平器はさまざまな長さのものが販売されている。離れた位置に積んだブロックの水平をチェックする場合などには長い水平器が便利だが、短い水平器でも、真っすぐな棒に載せればチェックすることができる

モルタルワークの道具と資材

平らで強固な基礎を作るにも、ブロックを固定するにも、モルタルを使用する。モルタルとは、セメント1：砂3（体積比）を目安に混ぜ合わせ、水を加えて適度な硬さに練ったもの。標準的な硬さは耳たぶ程度とされるが、用途に合わせて水の量を変え、硬さをコントロールすることもある。あえて水を少なくしてバサバサにしたものはバサモルと呼ぶ。

DIYでモルタルを練るには、トロフネという容器に材料を入れて練りクワで練るか、円筒形の容器に材料を入れて電動かくはん機で練るのが一般的。

練ったモルタルをすくって配置するにはブロックゴテやレンガゴテといったコテを使う。また、基礎の表面を整えるには仕上げゴテやプラスチックゴテ、目地を整えるには目地ゴテや柳刃ゴテと、数種類のコテを使い分けるとスムーズに作業できる。

なお、窯本体を作る際に使用する耐火キャスタブルの扱い方もモルタルと同様。耐火キャスタブルは粉末を混ぜ合わせる必要はなく、そのまま水を加えて練ればいい。

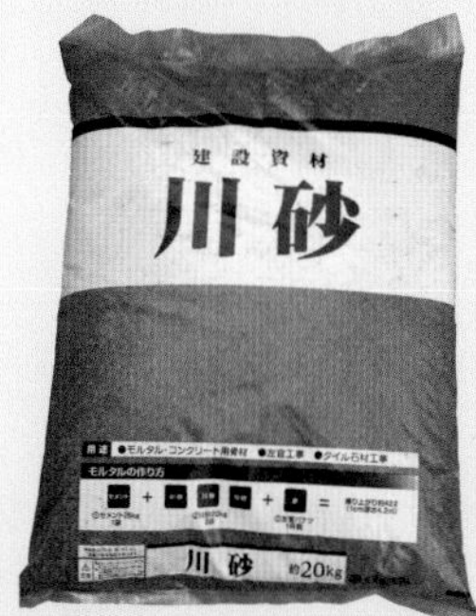

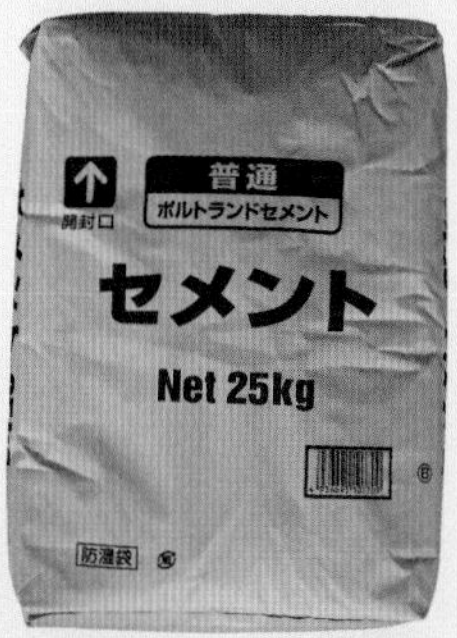

25kg入りのセメント1袋に対し、20kg入りの砂3袋を混ぜるのが標準

人力で練るなら、トロフネと練りクワの組み合わせ。窯の基礎と土台を作る程度なら、これで十分に対応できる

電動かくはん機を使うなら、円筒形の容器が適している。写真の左官バケツという容器は、練ったモルタルを取り分ける際などに使うものだが、少量を練るときにも使える

適当な廃容器が手に入れば、それを使ってもいい。半切りにしたドラム缶などが使われるケースも多い

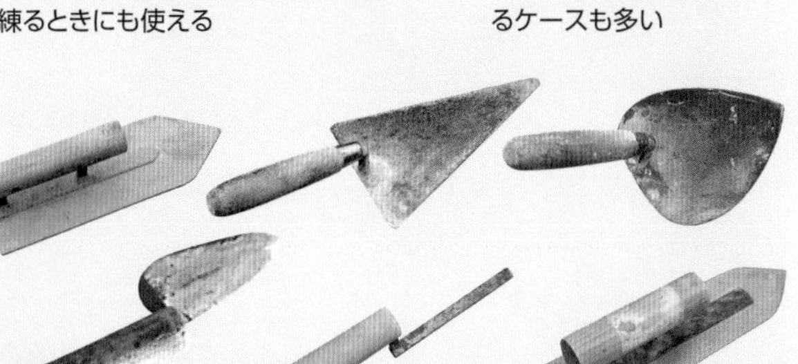

上段右から、多めのモルタルをすくい取るのに便利なレンガゴテ、ブロック積みやレンガ積みの際に一定量のモルタルを棒状にすくい取るのに欠かせないブロックゴテ、基礎のモルタルをならす作業に適したプラスチックゴテと下段右の仕上げゴテ、ブロックやレンガの目地にモルタルを詰めて整えるための目地ゴテ、目地の調整や細かい部分に使いやすい柳刃ゴテ

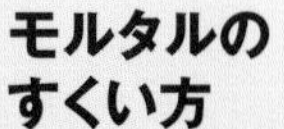

モルタルのすくい方

トロフネの縁付近のモルタルを平らにならしたところに、ブロックゴテを斜めに差し入れる

ブロックゴテをトロフネの側面に沿わせて持ち上げ、モルタルを棒状にすくい取る

棒状にすくい取ったモルタルを2列に並べ、この上に次段のレンガやブロックを載せる

モルタルの作り方

セメント1：砂3の割合で容器に入れる

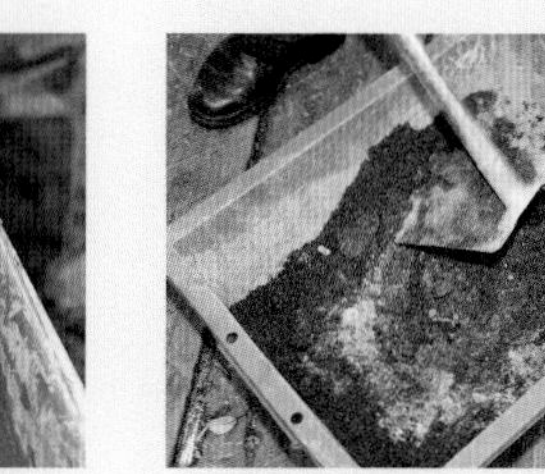

まず粉末の状態でしっかりと混ぜ合わせる

何回かに分けて水を加えながら適度な硬さに練る

2列に並べたモルタルの上に、コンクリートブロックを載せる。全体の水平、コーナーの直角をチェックしながら作業を進める。写真のように大きいサシガネがあれば直角をチェックしやすいが、なければ別の直角なもので代用しよう

高さをそろえたり、水平に調整したりするためにブロックを沈めるときは、石工ハンマーの柄などでコンコン叩くといい。反対に高くしたいときはモルタルを追加する

金属用切断砥石をつけたディスクグラインダーで鉄筋を長さ700㎜にカットし、四隅に石工ハンマーで叩き込む。差し込む深さは100～150㎜ほど

鉄筋を差し込んだ穴にモルタルを流し込む

このとき鉄筋をコテなどで叩きながらモルタルを流し込むのがコツ。鉄筋とモルタルがよく絡まり、しっかりと硬化するからだ

同様にして2段目のブロックを積む

3段目のブロックは鉄筋を横向きに通すために切り欠く。まずダイヤモンドホイールをつけたディスクグラインダーで切り込みを入れる

コンクリートブロックの形状

前述のとおり、コンクリートブロックには圧縮強度やサイズの違いがあるが、形状にも違いがある。標準的な形状の「基本」のほか、鉄筋が収まるように上部を窪ませた「横筋」があり、その両タイプに片方の端が平らになった「コーナー」がある。また、コーナーには1/2サイズもある。使用する位置に合わせて使い分けよう。

右から横筋、基本コーナー、基本、1/2基本コーナー

切り込みを入れた部分を石工ハンマーで叩き落とす。これで切り欠きの処理が完了

切り欠いたブロックを載せて水平に調整する

ブロックやレンガをカットする方法

仕上がり寸法に合わせるためにブロックやレンガをカットしなければならない場合は、ディスクグラインダーを使用するとスピーディーだ。

ダイヤモンドホイールというディスクをつけたグラインダーで可能な限りの切り込みを入れたら、そこにタガネをあてて石工ハンマーで叩けばきれいにカットできる。切り込みがしっかり入っていれば、石工ハンマーで叩いてもきれいに割れる。

ディスクグラインダーに金属用切断砥石をつければ、鉄筋のカットができる

ディスクグラインダーでブロックやレンガを切る際は、破片が飛んでくるので防護メガネが必須。また安全のために革手袋をつけるのが望ましい

コンクリートブロック

カットしたい位置に線を引き、ダイヤモンドホイールを線に沿わせて切り込みを入れる。ディスクグラインダーは奥から手前に引くように動かす

4面すべてに可能な限りの深さで切り込みを入れたら、タガネをあててハンマーで叩く

狙いどおりにカットできる

レンガ

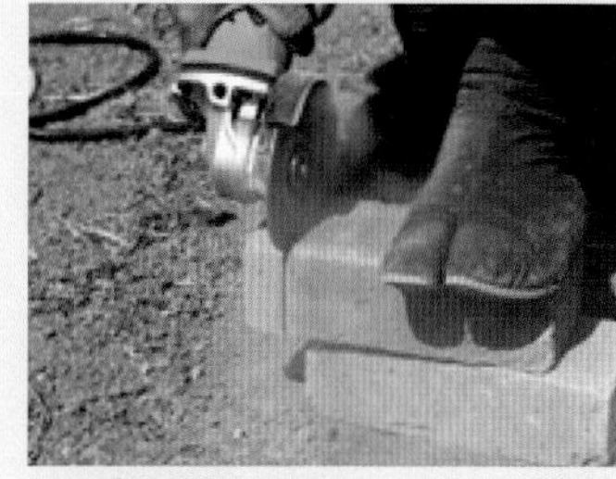
レンガも同様。線を引いてから、4面すべてに切り込みを入れる

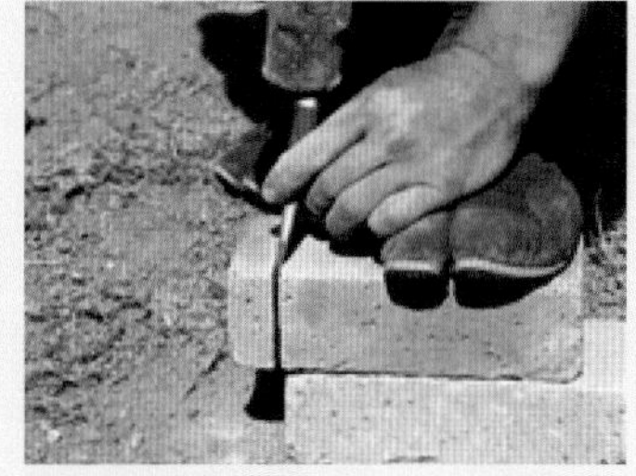
切り込みにタガネをあててハンマーで叩く

カット完了。切り込みが届かない内側は真っ平らにはならないが、気になる場合はディスクグラインダーで削ればいい

3段目を積み終えたところ。手前の1/2基本コーナーの上部も鉄筋を通すために切り欠いている

ブロック積みの形状に合わせて鉄筋をL字形に折り曲げる。2本の単管パイプに鉄筋を通せば、簡単に折り曲げられる

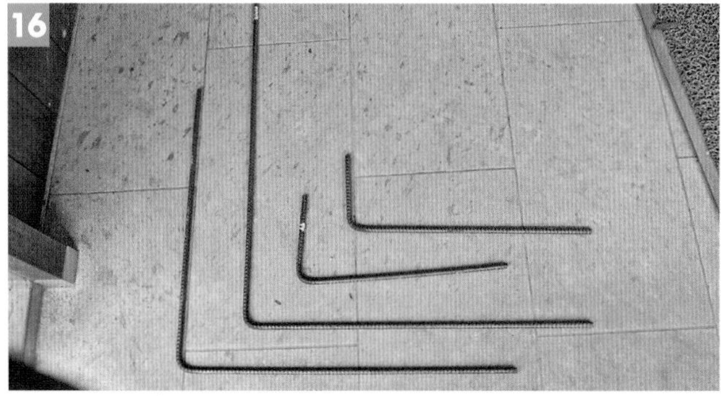

L字形に折り曲げた鉄筋

折り曲げた鉄筋をブロック最上段の溝にセットする。短い鉄筋は手前の1/2基本コーナーの穴に短辺を入れ（P23の図面参照）、長い鉄筋は水平に2辺に渡す

仕上げに溝をモルタルで埋める。ここでも鉄筋を揺らしながらモルタルを詰め、しっかり絡める

土台はこれで完成

薪収納スペースとする部分をモルタル敷きで仕上げる。土留めの垂木をセットし、厚さ約40㎜になるようにモルタルを敷き詰める

仕上げゴテで表面をならし、左官ブラシで筋目をつければきれいに仕上がるが、それにこだわらず、手持ちの道具を使って満足のいく仕上がりを目指せばいい

STEP2
燃焼室と焼き床を作る

主な使用道具
トロフネ、練りクワ、ブロックゴテ、目地ゴテ、水平器、ディスクグラインダー（ダイヤモンドホイール）、タガネ、石工ハンマー、スポンジ、振動ドリル（10㎜径程度のコンクリート用ドリルビット）

土台の上に火床を作り、燃焼室の壁を立ち上げ、さらにその上に焼き床を作るという工程。

この二層式ドーム形窯作りでは、火床と焼き床に大判の耐火レンガ、燃焼室の壁に普通サイズの耐火レンガ（アンティークタイプ）を使い、目地には耐火キャスタブルを使うシンプルな構成になっている。

耐火レンガを半分に割いたり、切り欠いたりという加工を行なうが、それらの作業量は多くなく、単純なレンガ積みがこの工程のほとんどを占める。水平かつ垂直にレンガを積み、目地をきれいに整えられれば窯の見栄えがよくなるので、ていねいに作業したい。

01 大判（平6丁）の耐火レンガを3枚並べて火床とする。土台と火床の間には耐火キャスタブルを敷いて接着。耐火キャスタブルはモルタル同様に水を加えて練り、ブロックゴテで棒状にすくい取って配置する。大判レンガの両側に50㎜、後部に90㎜ほどすき間をあけて並べている。

02 両側のすき間に載せるため、普通サイズの耐火レンガを半分に割く。ダイヤモンドホイールをつけたディスクグラインダーで切り込みを入れる

03 4面に切り込みを入れたら、タガネをあてて石工ハンマーで叩く

04 この方法できれいに半分に割くことができる

05 大判レンガの両側に割いた耐火レンガ、後部に普通サイズの耐火レンガを設置（写真のいちばん奥は寸法に合わせてカットしたもの）。それぞれ耐火キャスタブルを敷いて固定する。これで火床の段が完成

06 耐火キャスタブルを目地にして、燃焼室の壁となる耐火レンガを積んでいく。縦目地が一直線にならないように1段ごとにレンガをずらして積むのが鉄則。そのために随時レンガを半分にカットする必要がある

燃焼室の壁を2段積んだ状態。適宜レンガをカットして、縦目地が一直線にならないようにしている

レンガを積みながら、目地を整える。目地ゴテできれいにならす

レンガについた汚れは、固まる前に水を含ませたスポンジで拭いておく。これで仕上がりがきれいになる

燃焼室の壁を3段積み終えたところ。この上に焼き床を載せる

大判レンガ（平6丁）2枚を耐火キャスタブルで固定する

焼き床の一番後ろの耐火レンガには、燃焼室からの熱を通す開口部を設ける。縦100×横200㎜ほどで切り欠き部分を設定して線を引く

切り欠くにあたり、ディスクグラインダーで切り込みを入れる作業の負担を減らすため、あらかじめ振動ドリルで穴をあけるという方法もある。コンクリート用ドリルビットを装着し、切り欠き線に沿って細かいピッチで穴をあける

ドリルであけた穴をつなげていくように、ダイヤモンドホイールを装着したディスクグラインダーで切り込みを入れる

石工ハンマーで叩いて、不要な部分を欠き取る

加工した大判レンガを焼き床のいちばん奥に固定する

火床と同様に、大判レンガの周囲に割いたレンガなどを固定する

燃焼室と焼き床が完成

STEP3
ドーム形の天井を作る

主な使用道具

塩ビ用ノコギリ、丸ノコまたはノコギリ、インパクトドライバー（ドライバービット）、トロフネ、練りクワ、仕上げゴテ、ハケ、スポンジ、カナヅチ、ディスクグラインダー（ダイヤモンドホイール）

型を作り、それに合わせて耐火キャスタブルを塗り広げれば、比較的手軽にドームを成形できる。

型は砂を盛って作ると作業性もコストパフォーマンスもいいが、すべてを砂でまかなうと大量になり後始末の手間も増える。そこで、レンガや木材の端材などでかさ上げしてから、砂で成形するのがおすすめだ。

また併せて窯口の型を用意することを忘れずに。この記事では塩ビ製の排水マスをカットしたものを使っているが、手近に適した形およびサイズのものがあれば、それを使えばいい。

耐火キャスタブルでドームを成形したら、最短でも丸1日は待ってから型を取り除き、次の工程に進む。作業スケジュールを立てる際には、その点に留意したい。

01 窯口の型に塩ビ製の排水マスをカットしたものを用意。型の幅は350㎜

02 焼き床奥の開口部をふさぐために、端材でフタを作る

03 窯口の型を適した位置に置き、ドームの大きさ（内寸）を墨つけする

04 窯口の型にレンガや端材などを詰め込んで、かさ上げする

05 かさ上げしたところに砂を盛り、ドーム状に成形する。耐火キャスタブルを約50㎜厚で塗ることを考慮し、窯の仕上がりサイズよりひと回り小さいドームを作る。なお、ここでは20kg入りの砂を3袋使用

06 ドームができたら濡らしたキッチンペーパーで覆う。耐火キャスタブルに砂が付着するのを防ぐため

仕上げゴテで耐火キャスタブルを塗る。いきなり厚く塗らず、少しずつ塗り重ねる。約50㎜厚で仕上げ、25㎏入りを2袋使用

表面の水分がある程度引いたらハケで筋目をつけておくと、後の工程で塗る軽量タイプの耐火キャスタブルの接着性が高まる

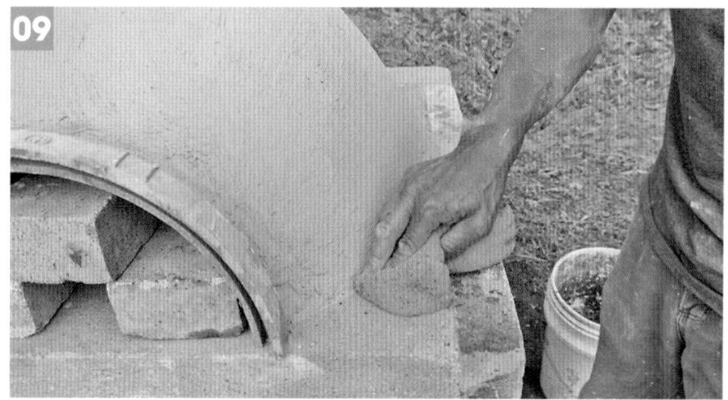

耐火キャスタブルでレンガが汚れたところは、固まる前に水で濡らしたスポンジで掃除する

24時間以上おいて耐火キャスタブルが固まったら、型をかき出す

窯口の型が取り外しづらければ、カナヅチなどで軽く叩くといい

天井に張りついたキッチンペーパーをはがす。紙は後日火を入れたときに燃えてしまうので、きれいにはがし切らなくてもかまわない

ダイヤモンドホイールを装着したディスクグラインダーで窯口を整える

ドーム形の天井が完成

STEP4
煙突を作る

主な使用道具

振動ドリル（10㎜径程度のコンクリート用ドリルビット）、ディスクグラインダー（ダイヤモンドホイール）、トロフネ、練りクワ、柳刃ゴテ、ハケ

実はこの二層式ドーム形窯作りでは当初は煙突をつけない計画だったが、ドーム製作後に煙突に使えそうな土管を入手したため、計画を変更して煙突をつけている。

そのため、まずドームに煙突の接続口をあけるところから始めるが、最初から煙突をつける計画であれば、ドームを成形する際に接続口の型を備えておけば、穴あけ作業は不要だ。

また、煙突をつける位置についてはP16などを参照のうえ、好みで選択してかまわないが、前方や後方につけるとなると、より複雑な設計が必要となるだろう。

この工程で使用する耐火キャスタブルは断熱用の軽量タイプ（P25参照）。STEP2、3で使うものとは異なるので注意しよう。

01 煙突に使う土管の内径よりひと回り小さい穴（70㎜径）を、ドームの最頂部にあける。コンクリート用ドリルを使い、あける穴の線に沿って密に小さい穴をあけていく

02 小さい穴を1周つなげて開口する

03 ダイヤモンドホイールを装着したディスクグラインダーで煙突用の土管を長さ200㎜にカットする

04 切り口をきれいに整える

05 穴に合わせて土管を設置し、軽量タイプの耐火キャスタブルを塗って固定する

06 土管の内側に耐火キャスタブルを約10㎜厚で塗る。排熱で土管が割れないよう断熱するため

07 煙突のフタ兼ダンパーの材料としてテラコッタ鉢（235㎜径）とU字ボルトを用意する

08 テラコッタ鉢にコンクリート用ドリルでU字ボルトを通す穴をあける

09 穴にU字ボルトを通して固定する。これが取っ手となる

10 鉢の内側にも耐火キャスタブルをたっぷり塗って断熱する

11 窯の雰囲気によりなじむよう、水性塗料でテラコッタ鉢を塗装する

12 フタ兼ダンパーつきの煙突が完成

STEP5
土台とドームを化粧する

主な使用道具

ハケ、トロフネ、練りクワ、レンガゴテ、柳刃ゴテ、目地ゴテ、ゴムハンマー、ディスクグラインダー（ダイヤモンドホイール）、竹ササラまたはハケ

土台、ドームともにコンクリート擬石（P24参照）で化粧するが、接着方法は異なる。

土台にはプライマーという接着性を高める下地塗料を塗ってから、擬石の裏面にタイルセメントを塗って張る。目地にもタイルセメントを使う。

一方、ドームには軽量タイプの耐火キャスタブルで擬石を張り、目地にも耐火キャスタブルを使う。ポイントは耐火キャスタブルの厚さを30㎜以上とすること。軽量タイプの耐火キャスタブルでドームを覆うことで断熱性を高める狙いもあるためだ。

曲面のドームに裏面が平らな擬石を張るのは難しいので、ディスクグラインダーで削って張りやすくする。

土台のブロックにプライマーを塗る

まずコーナー用の擬石から張る。水を加えて練ったタイルセメントを擬石の裏面にたっぷり塗る

擬石を強く押してブロックに張りつける

下から順に張っていく。ゴムハンマーで叩いて接着させてもいい

擬石を張り終えてから目地を入れるのは難しいので、タイルセメントで目地を作りながら張り進める

形や大きさが合わないものは、ダイヤモンドホイールを装着したディスクグラインダーで加工する

コーナー用を張り終えたら、平面用を張る。同じく裏面にタイルセメントをたっぷり塗るが、とくに端部を盛り上げておくと張りやすい

色や形のバランスを見ながら張り進める

土台の化粧が完了

ドームの曲面にフィットするよう、擬石の裏面をダイヤモンドホイールを装着したディスクグラインダーで削る

水を加えて練った軽量タイプの耐火キャスタブルを擬石の裏面にたっぷり盛る

ドームにも耐火キャスタブルを塗る

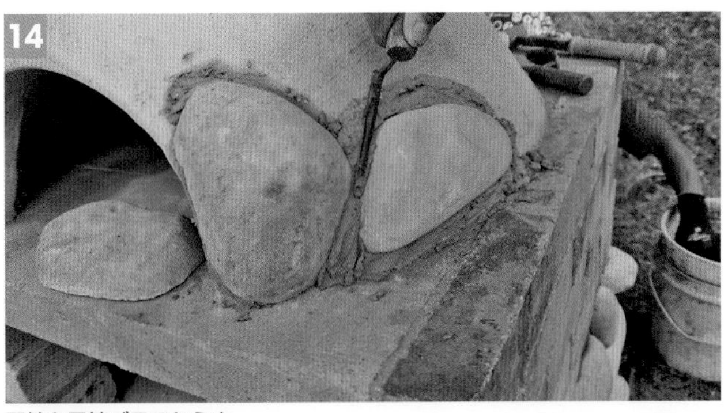

目地を目地ゴテでならす

擬石をすべて張り終えたら、改めて目地ゴテで目地を整える

さらに竹ササラという道具やハケなどで表面をなでて目地を仕上げる

ドームの化粧と断熱層作りが完了

擬石をドームに押しつけ、ゴムハンマーで叩いて接着させる。擬石は下から順に張り進める

STEP6 屋根を作る

主な使用道具

ハケ、スコップ、突き棒、水平器、丸ノコまたはノコギリ、インパクトドライバー（ドライバービット、3㎜径程度のコンクリート用ドリルビット）、ディスクグラインダー（ダイヤモンドホイール）

2本の掘っ立て柱で支える簡易な屋根を作る。

ここまでの作業と違い木工がメインとなるが、ごく初歩的な加工だけで作ることができる。

2×4材を丸ノコで半分に割いたものを垂木に使うが、これは市販されている30×40㎜や35×45㎜の角材で代用可能。そうすれば木材を切断するのは単純に長さを調節する場合のみとなり、数も少ないので手工具のノコギリだけで十分に対応できる。

屋根材は耐火性のあるスレート波板を使う。こちらは切断にディスクグラインダー、下穴あけにドリルが必要となる。

01 窯から100㎜離れた位置に、深さ400㎜の穴を掘る

02 塗装済みのスギ丸杭を穴に入れ、突き棒で下端を軽く突き固めて立てる

03 水平器を見ながら垂直に調整したら、丸杭の下端をしっかり突き固めて固定する

04 同じようにして2本の柱を立て、土を埋め戻す

05 桁（2×4材）を柱にビス留めする。桁には前上がりの勾配をつけるが、角度は適当に決める。桁の前方を角材などで支えておくと作業しやすい

06 両方の桁の高さが合うよう水平を確認して取りつける

07 桁の上に垂木（2×4材を半分に割いたもの）をビス留めする

08 桁と柱に方杖をビス留めして補強する。方杖の両端は斜めにカットする

09 垂木の両側にはみ出ていた部分を切り落として屋根の骨組みが完成

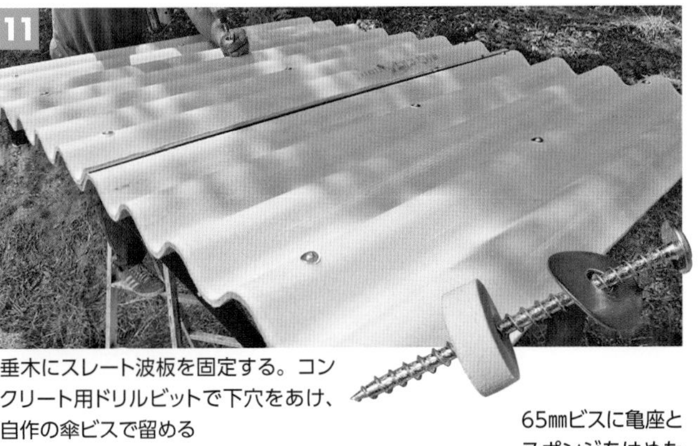

垂木にスレート波板を固定する。コンクリート用ドリルビットで下穴をあけ、自作の傘ビスで留める

65㎜ビスに亀座とスポンジをはめた自作の傘ビス

10

ダイヤモンドホイールを装着したディスクグラインダーでスレート波板を必要な寸法にカットする

屋根の正面図

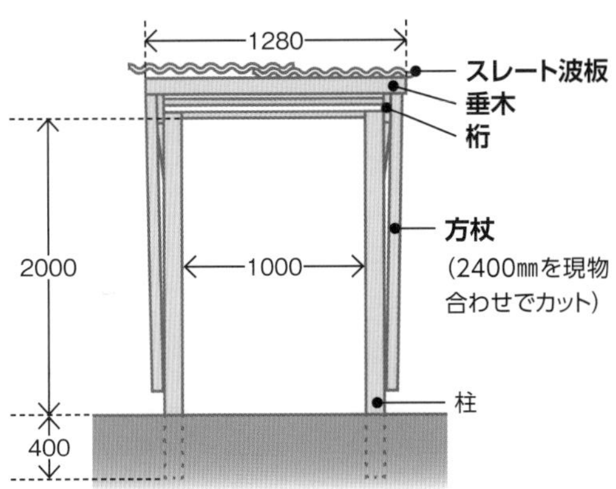

屋根の側面図

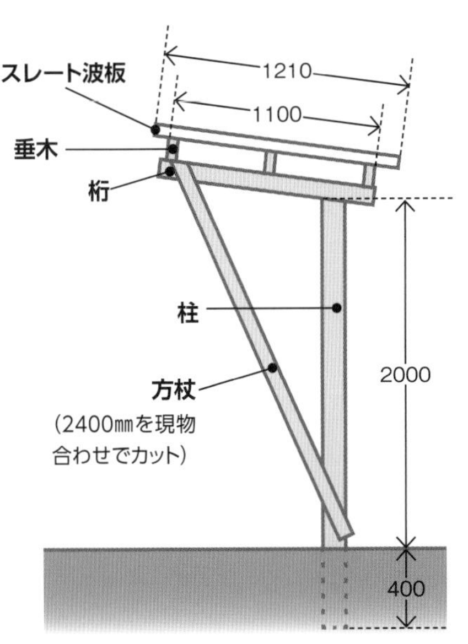

窯口には裏面にケイカル板を張った簡易的なフタをセットしている（P142参照）

完成

単層式アーチ形窯の作り方

構造的にシンプルな、煙突のない単層式窯の作り方を解説。
窯の形はアーチ形。キット化された材料を使い、
指定どおりに扇形レンガを並べるだけなので、設計に悩むことはない。
この窯をベースに、断熱層を増設したり窯口のサイズを変えたりして
グレードアップするという手もある。

製作◎石川豊花、ドゥーパ!編集部／資材協力◎磐城シャモット、AGCセラミックス

作例の概要図

＊側板と背板は省略／単位は㎜／施工場所は傾斜地

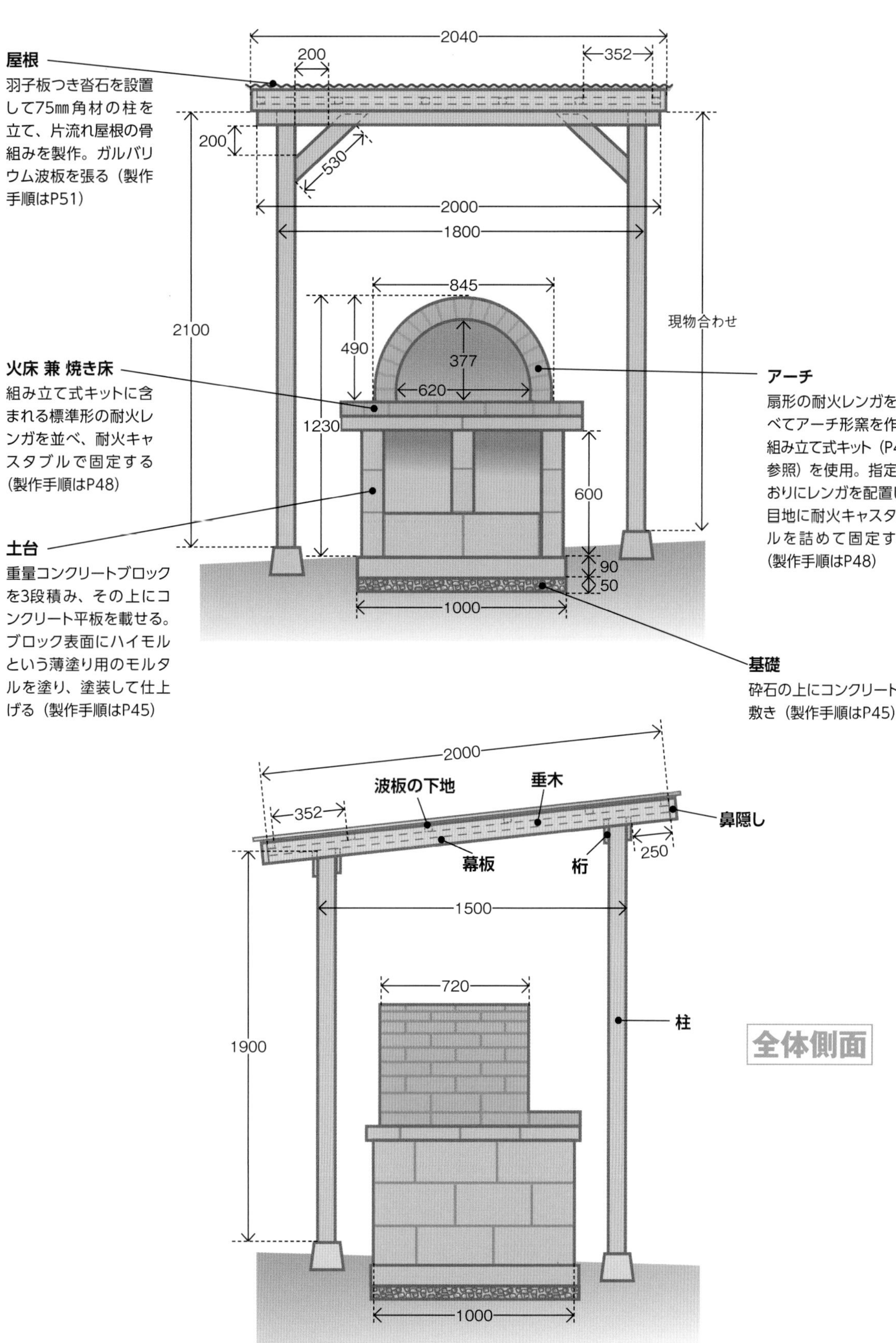

●使用資材一覧　＊フタは除く

材の種類	数	使用部位
耐火レンガ・標準形（65×114×230㎜）	48	火床兼焼き床、窯壁面
耐火レンガ・Y-1（59/65×114×230㎜）	6	アーチ
耐火レンガ・Y-2（50/65×114×230㎜）	36	アーチ
耐火レンガ・Y-3（32/65×114×230㎜）	15	アーチ
耐火キャスタブル（25㎏）	3	耐火レンガ目地
重量コンクリートブロック（100㎜・横筋）	18	土台
重量コンクリートブロック（100㎜・横筋コーナー）	8	土台
重量コンクリートブロック（100㎜・1/2コーナー）	6	土台
コンクリート平板（60×300×600㎜）	7	土台
異形鉄筋（10㎜径×2m）	8	基礎、土台
結束線	適宜	基礎、土台
セメント（25㎏）	3	基礎、土台
砂（20㎏）	10	基礎、土台
砂利（20㎏）	10	基礎
ハイモル（25㎏）	1	土台
SPF1×4材（2440㎜）	8	桁、幕板、鼻隠し
SPF1×6材（1830㎜）	15	側板、背板
アカマツ75㎜角材（3000㎜）	4	柱、方杖
アカマツ30×40㎜角材（2000㎜）	12	垂木、波板の下地
羽子板つき沓石	4	柱の基礎
ガルバリウム波板（7尺）	4	屋根

その他の材料

ビス（57／75㎜）、傘クギ、傘クギ用スポンジ、水性塗料（木部用／多用途）、プライマー、90㎜幅の板と杭（コンクリート型枠用）、2.3㎜厚合板と細角材（アーチ型用）

材料費の目安

約11万5000～12万5000円　＊フタは除く

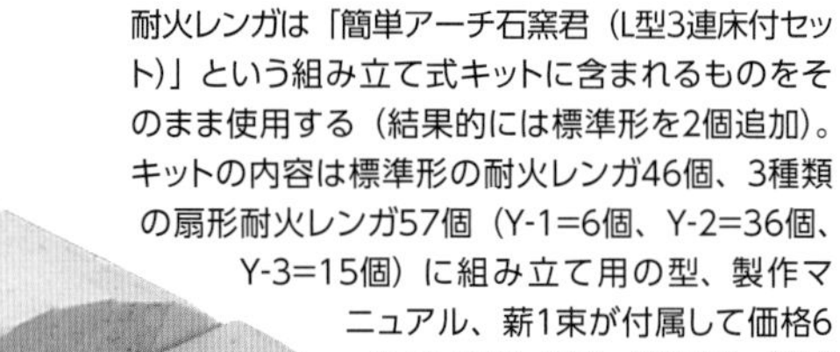

キットに含まれるのは、角度が異なる3種類の扇形耐火レンガ。右からY-1、Y-2、Y-3。アーチを作るための配置はP49参照

耐火レンガは「簡単アーチ石窯君（L型3連床付セット）」という組み立て式キットに含まれるものをそのまま使用する（結果的には標準形を2個追加）。キットの内容は標準形の耐火レンガ46個、3種類の扇形耐火レンガ57個（Y-1=6個、Y-2=36個、Y-3=15個）に組み立て用の型、製作マニュアル、薪1束が付属して価格6万7100円（税込・送料別）。磐城シャモット（☎0246-23-1634 HPhttp://www.iwaki-refra.co.jp）で取り扱っている

製作手順

STEP1 基礎・土台を作る

主な使用道具

スコップ、タンパー、カケヤ、トロフネ、練りクワ、結束ハッカー、レンガゴテ、プラスチックゴテ、ブロックゴテ、仕上げゴテ、ディスクグラインダー（ダイヤモンドホイール）、石工ハンマー、水平器、単管パイプ、コテ板、サシガネ、ローラー

土台はオーソドックスな重量コンクリートブロック積み。断面形状はEの字形とするが、3段積みのうち最下段は四角く囲ったうえで、内側を埋めてコンクリートの床にする。

コンクリートは、セメント1：砂3：砂利6（体積比）を目安に混ぜて水で練ったもの。作業の要領はP22〜の二層式ドーム形窯作りで使用するモルタルと同様。砂利が入る分、練るために力を要するが、モルタルより強固なものになる。

ブロック積みの上には大判のコンクリート平板を載せ、普通サイズの耐火レンガを並べられるようにする。また、ブロックの表面は、ハイモルという薄塗り用のモルタルを塗って目地を隠してから、着色して仕上げる。

窯に使用する耐火レンガキットの重量は約360kg。これに目地の耐火キャスタブルと土台の重量が加わり、総重量はかなりのものになるため、頑丈な基礎が必要だ。ここでは砕石を約50㎜の厚さに敷き、その上に約90㎜厚のコンクリートを敷く。コンクリートには鉄筋を網状に組んだものを仕込んで強度を高める（鉄筋ではなく既製のワイヤーメッシュを使ってもかまわない）。

土台より少し広めに深さ約150mmの穴を掘り、砂利を敷いて（厚さ50㎜）、幅90㎜の板でコンクリートの型枠を作る。砂利はタンパーなどで突き固める。型枠はコンクリートの重みで倒れないよう、カケヤ（大きい木ヅチ）などで杭を打ち込んで補強しておく

コンクリートを練る

コンクリートの強度を上げるため、鉄筋同士を結束線で結んで網状に組んだものを仕込む。適当にコンクリートを敷いて砂利から少し浮かせる

04

枠の中にコンクリートを敷き詰める。表面をプラスチックゴテなどできれいにならす

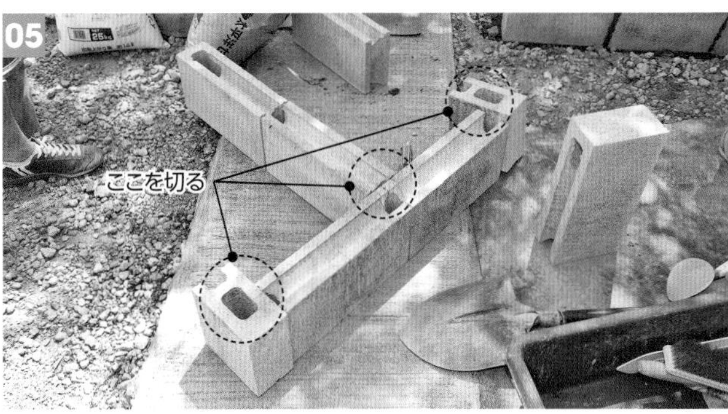

1段目に並べるブロックには、鉄筋を横向きに通すための溝を切り欠く。ブロックを仮置きして切り欠く部分に線を引く

ダイヤモンドホイールをつけたディスクグラインダーで、線に沿って切り込みを入れる

切り込み部分を石工ハンマーで叩いて欠き取る

コンクリートの表面が乾いたら、1段目のブロックを並べる。モルタルを練り、コンクリートの上に敷く

常に全体が水平か、外面が真っすぐか、隅が直角かを確認し、調整しながら並べる。目地の幅は10㎜前後にそろえる

四隅に鉄筋を立てる

ブロックの穴や目地にモルタルを充てんする。目地にはブロックゴテなどを使って押し込む。はみ出た分はコテで削り取る

ブロックの溝に横向きに通す鉄筋を加工する。曲げは、単管パイプに鉄筋を通して行なう。カットには金属用切断砥石をつけたディスクグラインダーを使う

ブロックの溝に通した鉄筋同士を結束線でつなぐ。結束ハッカーという道具があると便利

全体に鉄筋を配置したら、溝にモルタルを充てんする

2段目以降は、ブロックゴテを使って棒状にすくい取ったモルタルを2列に並べ、その上にブロックを載せる

真ん中の列の端にも鉄筋を立てる

3段目（最上段）の溝にも鉄筋を横向きに通し、モルタルを充てんしてブロック積みが完了

水を加えて練ったハイモルをブロック全体に塗りつけ、表面を平らにする。コテ板に適量のハイモルを取り、仕上げゴテで塗りつける。コテ板は、合板の端材などでもいい。1段目のブロックの内側は土や砂利でかさ上げしてからコンクリートを水平に敷いて仕上げる

ブロック積みの上にモルタルを敷き、コンクリート平板を載せる。平板は各部のブロック積みからの突き出し幅を測り、バランスよく配置する

平板は60×300×600㎜のものを7枚使う。最後部にはディスクグラインダーで半分にカットしたものを並べる

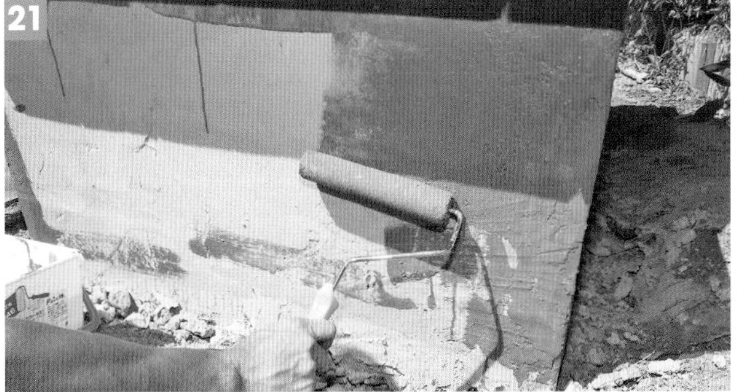
後日、ハイモルが乾いたら塗装する。プライマーを塗ってから、水性塗料で着色する

STEP2
窯本体を作る

主な使用道具

トロフネ、練りクワ、水平器、左官ブラシ、スポンジ、丸ノコまたはノコギリ、インパクトドライバー（ドライバービット）、ディスクグラインダー（ダイヤモンドホイール）、タガネ、石工ハンマー、絞り袋、スコップ、目地ゴテ

土台の上に標準形の耐火レンガを並べて火床兼焼き床を作り、その上に扇形の耐火レンガでアーチを組む。

　扇形レンガの並び順はキットの組み立て方に準じる（P49の扇形レンガの配置図を参照）。ただし、今回は常設用に耐火キャスタブルで目地を作るため、目地幅の分、レンガだけで組み立てる場合に比べてアーチのサイズが少し大きくなる（今回使用したキットは本来、簡単に解体できるよう、接着せずにレンガだけで組み立てる）。そのため、キットに付属するアーチの型ではジャストフィットしないので、型を自作する必要がある。

　アーチ作りの手順としては、目地幅に合わせたスペーサーを挟みながら、いったん型に合わせてすべての扇形レンガを並べ、目地スペースに耐火キャスタブルを充てんするという方法を採る。しかし、目地スペースが狭くて深いため、耐火キャスタブルを詰めるのに想像以上に手間がかかった。もしかすると、1段ずつ

01 土台の上に水を加えて練った耐火キャスタブルを敷き（10㎜厚程度）、標準形の耐火レンガを並べる。レンガ同士の間は、だいたい均等な間隔で空ける。そのすき間の端部は、練った耐火キャスタブルでふさいでおく

02 レンガ同士の間に、水を加える前の粉状の耐火キャスタブルを左官ブラシなどで掃き込む

03 スポンジなどを使って、粉状の耐火キャスタブルに水を含ませる

04 レンガの表面や周囲についた耐火キャスタブルをスポンジで拭い、いったん火床兼焼き床の完成。このあと設計を変更し、土台全面に耐火レンガを敷くことにした

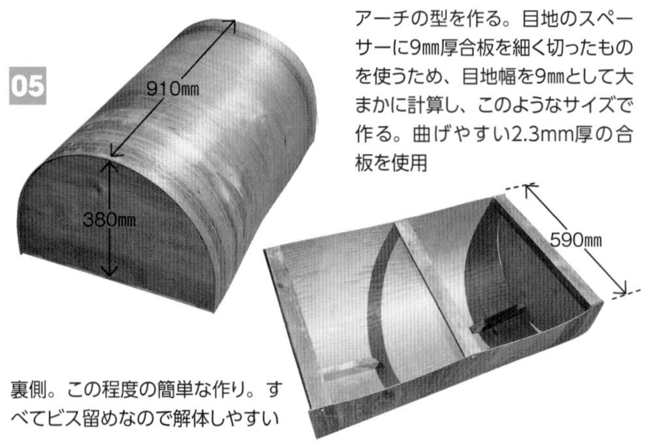

05 アーチの型を作る。目地のスペーサーに9㎜厚合板を細く切ったものを使うため、目地幅を9㎜として大まかに計算し、このようなサイズで作る。曲げやすい2.3mm厚の合板を使用

裏側。この程度の簡単な作り。すべてビス留めなので解体しやすい

06 1段ごとに縦目地をずらすために（P43側面図参照）、ハーフサイズの扇形レンガが必要なのでカットする。まずディスクグラインダー（ダイヤモンドホイール装着）で4面に切り込みを入れる

目地に耐火キャスタブルを塗りつけながら扇形レンガを組み上げるほうが効率がいいかもしれない。その場合は、最後のレンガをうまく収めるために慎重に組み上げていく必要があるだろう。

火床兼焼き床の中心に、型の中心を合わせて置く

切り込みにタガネをあてて石工ハンマーで叩く

カット完了

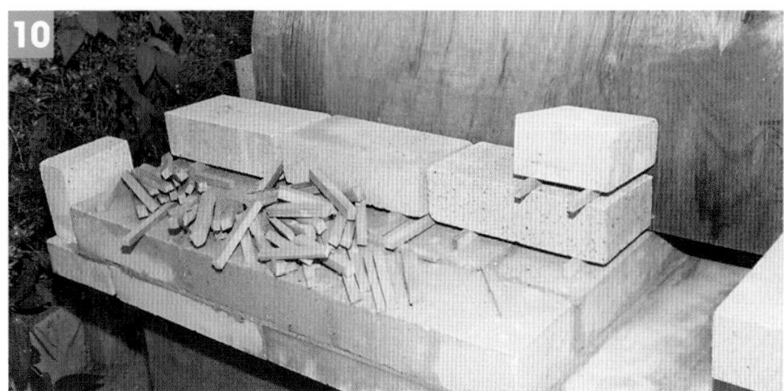

9㎜厚合板を細く切って作ったスペーサーを大量に用意し、それを挟みながら配置図どおりに扇形レンガを積んでいく

扇形レンガを並べ終えたところ

扇形レンガの配置図

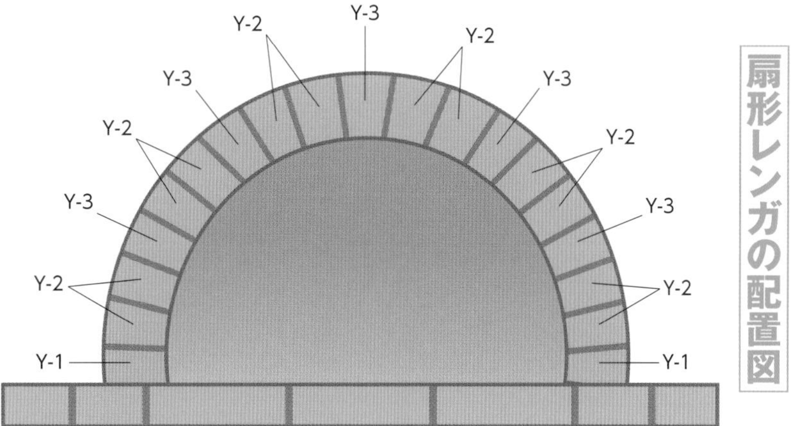

練った耐火キャスタブルを絞り袋に入れ、目地スペースに絞り出す。耐火キャスタブルを充てんしたらスペーサーを抜き取る

目地が細い部分は、水を増してゆるく練った耐火キャスタブルをスコップで流し込んでいく

はみ出た耐火キャスタブルは目地ゴテなどを使って目地に詰め込む。目地が深いので、突けばどんどん奥へと入っていく。耐火キャスタブルはすぐに固まるので手早く作業する

1日おいて耐火キャスタブルが固まったら型を抜く。先に型のビスをはずしておくと、たわませられるので抜きやすい

内側を見ると、耐火キャスタブルが十分に充填されていない箇所がたくさんあったので、今度は内側から目地ゴテなどを使って詰める。ゴム手袋をはめた指で押し込むのも効率がいい

アーチの目地を詰め終えたら、背面にスペーサーを挟みながら標準形の耐火レンガを並べ、現物合わせでカットする線を引く

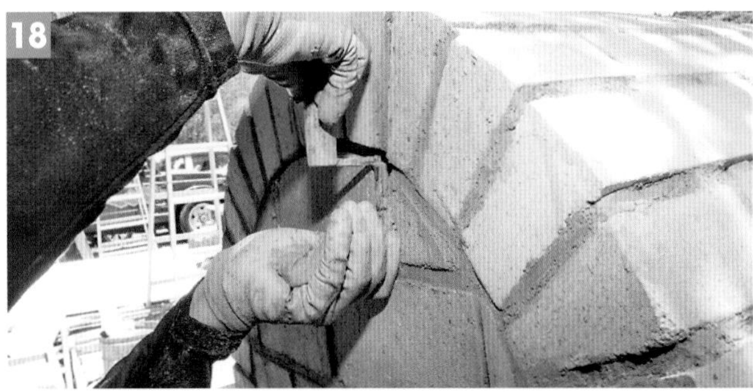

線に沿ってディスクグラインダーでカットしたレンガを積む。目地は外と内の両側から詰める

これでいったん窯が完成。写真では手前角のレンガが欠けているが、後ほどつけ足す

STEP3
屋根を作る

主な使用道具

丸ノコまたはノコギリ、角度定規、ハケ、スコップ、タンパー、水平器、トロフネ、練りクワ、レンガゴテ、仕上げゴテ、インパクトドライバー（ドライバービット）

ガルバリウム波板を張り、片流れ（後方へ向けて下がる）の屋根を作る。骨組みの構造はごく基本的で、スムーズに製作できる。

側面と背面には、すき間を空けて板を張る。柱を補強するのが主目的だが、閉塞感のないほどよいレベルで囲って、横から吹き込む風雨から窯を保護する狙いもある。

この板張りに棚やフックを取りつけて収納を充実させたり、サインボードを張るなどして装飾したりと、好みに合わせてさまざまなアレンジができそうだ。

なお、各部の寸法はP43の概要図を参照のこと。

01 基礎石（羽子板つき沓石）を設置する。施工場所の傾斜が大きいため、基礎石同士を水平にそろえるのではなく、柱の長さで調整する。窯と平行に基礎石が並んでいること、各基礎石の上面が水平であることを確認する

02 基礎石の下には砂利を敷いて突き固め、基礎石のまわりはモルタルで固める

03 垂直を確認しながら柱を基礎石の羽子板にビス留めする。木材はあらかじめ塗装をすませておく

04 低いほうの柱の上端に合わせて桁をつける。水平を確認しながら、高いほうの柱にも接合する

05 高いほうの柱を桁の位置で切断する。切断面は塗装しておく

06 同様に後方の柱を立てて桁をつけたら、前後の桁に垂木を接合する。各柱が垂直であること、柱同士の間隔が一定であることを確認しながら作業を進める

07 垂木に波板の下地を接合する

08 各柱の後面にも桁をつける。垂木にあたる位置で柱にビス留めする

09 両側に幕板をつける。上端を波板の下地の上端とそろえる

垂木の先端に鼻隠しをつける。上端を波板の下地や幕板の上端とそろえる

両端を45度にカットした方杖を、柱と桁に接合する

波板を固定する。4山おきに下地に傘クギ（スポンジつき）を打って留める。波板が重なる部分は密に傘クギを打つ

いちばん低い桁にあてるようにして、側板を水平に接合する

一定の間隔（70㎜）で側板をつける。同様にして反対の側板と背板をつける

窯口には別途製作した鉄製のフタをセットしている（P136参照）

Part 3

Examples of one-tier oven

単層式の ピザ窯・パン窯実例集

窯の構造を知り、製作の流れをつかめば、
ピザ窯・パン窯作りの基本は身についたようなもの。
あとは実際に窯を作るにあたり、
自分なりの工夫を盛り込むのが楽しみどころだ。
そのためにも、先人による手作り窯をたくさん見ておきたい。
まずはそれぞれに個性がある単層式の窯を見てみよう。

＊製作者の年齢や職業などのデータはすべて取材時のものです

煙突は窯口のアーチに設置 タイル張りが栄える異形ドーム窯

料理が趣味の伊藤久さんは、イタリア料理を学ぶために本場に1カ月滞在するほどの凝り性。そのときに食べたナポリピッツァの味が忘れられず、自分で焼けるようになりたいと、ピザ窯の自作を思い立った。

窯の形は、多くのピザ店が使っている単層式ドーム形。サイズは、販売されている窯を参考に決めた。窯を温める時間を短縮できるよう、天井を少し低くしている。また側面を真っすぐに立ち上げており、半球形とはやや異なるドーム形となっている。

窯作りと並行して、おいしいナポリピッツァを焼くための研究にも勤しんだ伊藤さん。気になるピザ店があれば遠方であろうと訪れ、窯が見える席に座ってプロの焼き方を見学。ピザ焼き職人に直接話を聞くこともあったとか。

窯の完成後は、親せきや友人が集まってのピザパーティーが恒例行事に。最初のころは生地作りや窯の温め方がうまくいかないこともあったが、最近では安定的に満足いくナポリピッツァを焼けるようになってきたそう。

＊単位は㎜

煙突

耐火レンガで作った土台に差し込んで固定。容易に着脱できるので、薪を燃やすときは煙突を装着し、保温の際にははずして装着口を耐火レンガでふさぐ

火床兼焼き床

耐火レンガを耐火接着剤で固定。窯口の下のみ、ピザが回転しやすいよう大理石（12×300×600㎜）を敷いている

ドーム・外装

耐火レンガ（基本形と、角度が異なる3種類の扇形レンガ）を並べて成形。全体を耐火キャスタブルで覆い、モザイクタイルを耐火接着剤で張って仕上げている

土台

コンクリートブロックを4段積み、コンクリート平板（30×300×1200㎜）を4枚並べている。外面は外壁用人工石材で化粧

基礎

石を敷き詰めてから鉄筋を配置し、コンクリートを打設

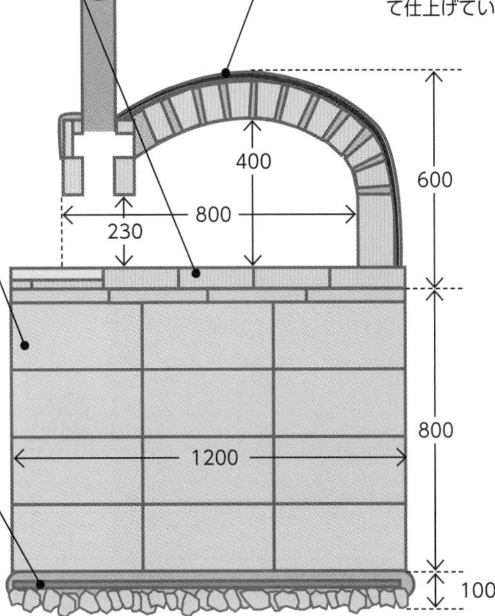

10㎜角のタイルを約1万5000枚（!）張って美しく仕上げている。吸水率が低く、野外での使用に適した磁器質タイルを使っているのがこだわり。白いタイルで書いた"HORNO de GIRASOL"という言葉は、スペイン語でヒマワリ（太陽の花）を意味しているそう

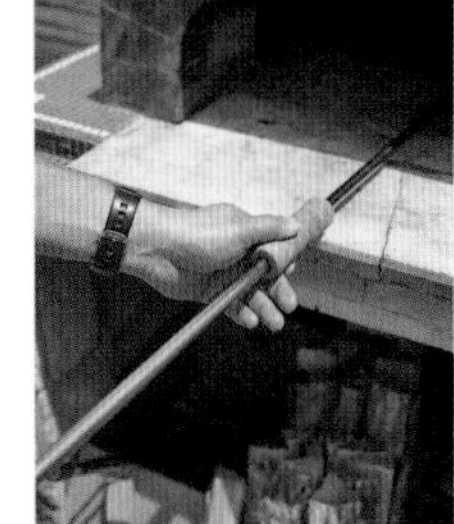

ピザピールは親せきの手作り。ステンレスの板とパイプを溶接したもの。木製グリップの上半分がスライドし、柄の好きな部分を握れるのがいい

DATA

製作者	伊藤 久さん（50歳／会社員）
材料費	約20万円（併設のバーベキュー炉含む）
製作日数	約35日（併設のバーベキュー炉含む）
窯内部の形	ドーム形
ドーム	耐火レンガ、耐火キャスタブル
火床兼焼き床	耐火レンガ、大理石
外装・断熱層	タイル
煙突	薪ストーブ用煙突
土台	コンクリートブロック、コンクリート平板

写真◎門馬央典（P56-57は除く）

窯口のアーチは扇形レンガで製作。その上に煙突がつく。また窯口の床にはピザを回転しやすいよう大理石を敷いている。左にバーベキュー炉を併設

伊藤さんの窯の作り方

STEP1 土台を作る

地面を土台の形に掘り、石を詰めて鉄筋を配置

コンクリートを敷いて、基礎の完成

目地にモルタルを使い、重量ブロックを水平に積み重ねる

ブロックを4段積み、30×300×1200㎜のコンクリート平板を4枚並べ、土台が完成

STEP2 耐火レンガで窯を組み立てる

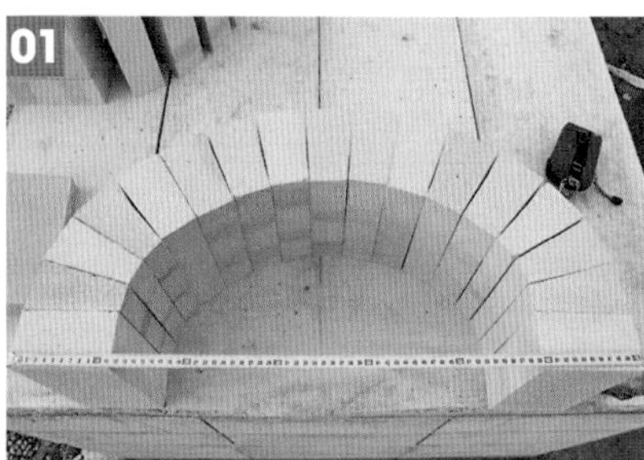

サイズを確認しながら窯口の構造を決める。基本形の耐火レンガのほか、角度が異なる3タイプの扇形レンガを使い、並び順を決定。窯口のサイズは幅485㎜、高さ230㎜（最高部）

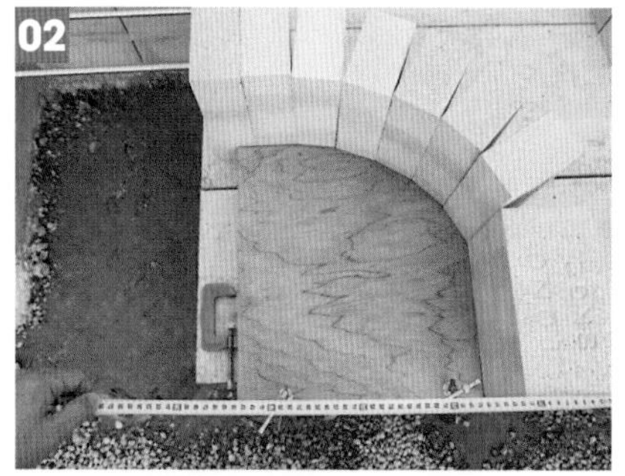

ドームの型を合板で作るために、実際にレンガを並べてサイズを確認する

切り出した合板を立てる

8枚の合板を立て、中心の上下に合板を張る

薄い合板をステープルで留め、型が完成

型に合わせて耐火レンガを仮に並べる。火床兼焼き床の手前には、大理石を敷くために半丁サイズ（厚さが半分）のレンガを使用

レンガに沿って、ドーム外周に線を引く

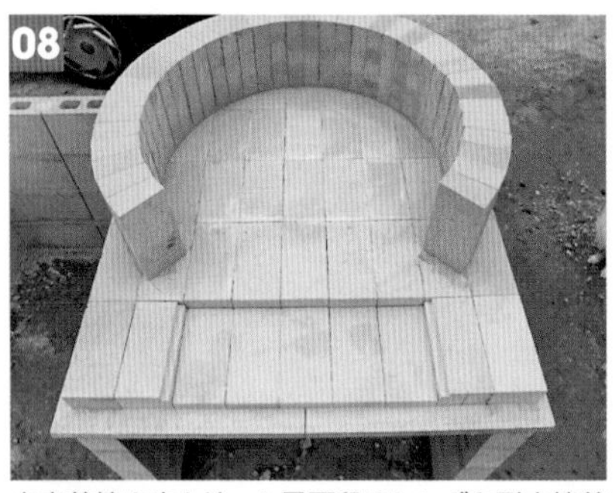

火床兼焼き床とドーム最下段のレンガを耐火接着剤で接着。大理石が収まる両端部分は、レンガの角をディスクグラインダーで切り欠く

09 大理石（12×300×600㎜）を敷き、窯口用の型を設置する

10 耐火レンガで窯口のアーチを組み立てる（耐火接着剤で接着）。煙突部分は、カットしたレンガを前後に配置

11 半割りにした耐火レンガを、型に沿って積み上げる。目地には耐火キャスタブルを使用

12 ドームが完成。上部はレンガを細かくカットする

13 型を燃やす

STEP3 タイルで装飾する

01 レンガの上に耐火キャスタブルを塗る

02 耐火レンガをカットして煙突の土台を作り、耐火キャスタブルを塗って固定する

03 耐火キャスタブルを塗ってきれいなドーム形に仕上げる

04 耐火キャスタブルが乾いたら、タイルを張る。まず平面でタイルを並べ、表面に透明の養生テープを張ってシート状にしたものを接着剤で張る。曲面部分はシートを細くカットして張る。「接着剤はいろいろ試した結果、弾力のあるシリコンシーラントがいい」とのこと

05 上のほうは曲面がきつくなり、作業が大変に。「いちばん印象に残っているのが、この作業。皆さんに協力してもらって、なんとかやり遂げました」と伊藤さん

06 タイル張りが完了

07 土台のブロックは外壁用人工石材で化粧。コンクリートボンドで張る。これで完成

伊藤さんのピザの焼き方

STEP1 窯の準備

01 ピザを焼く前日の午後4時から7時まで薪を燃やしてプレヒートする。その後、窯口と煙突をふさいで保温。「当日、なるべく高温になるように、あらかじめ窯の"芯"を温めておこうというわけです。以前、2日続けてピザを焼いたときに2日目のほうがうまく焼け、プレヒートの効果を実感したので」と伊藤さん

02 当日午前9時、着火準備完了。窯の奥に耐火レンガを並べ、その上に薪を置き、焚きつけを載せる。薪は市販の広葉樹。「レンガでかさ上げするのは、炎を天井に近づけるためと、炉床に薪を直接置くと、燃えカスがたまって炉床温度が下がるような気がしたので」とのこと

03 ライターで着火した焚きつけを窯に入れる

04 うちわであおいで火勢を上げる。最初は煙が立つ

05 10分ほどして煙が出なくなり、完全燃焼状態に。天井はススで真っ黒になっている

06 燃え具合を見ながら、ピザピールを使って薪を追加する。追加した直後は煙が立つ。「ビールを飲みながら、ゆっくり窯を暖める。この時間もいいんですよね」

07 薪を燃やし続けると、徐々に天井が白くなり"スス切れ"の状態に。着火して1時間ほどで天井全体が白くなり、完全にスス切れ。ピザを焼くには十分な温度になった証。これで窯はスタンバイOK。あとは宴の準備が整うまで、炎が途切れないようにする

STEP2 ピザの準備

01 具材を用意する。ホールトマト、チーズ各種(パルミジャーノ、モッツァレラ、ゴルゴンゾーラ、アメリカンクリーム)、ガーリック、そして自作のベーコンとスモークサーモン。ナポリピッツァは1分半ほどで焼き上げるため、具材はなるべく薄く切る

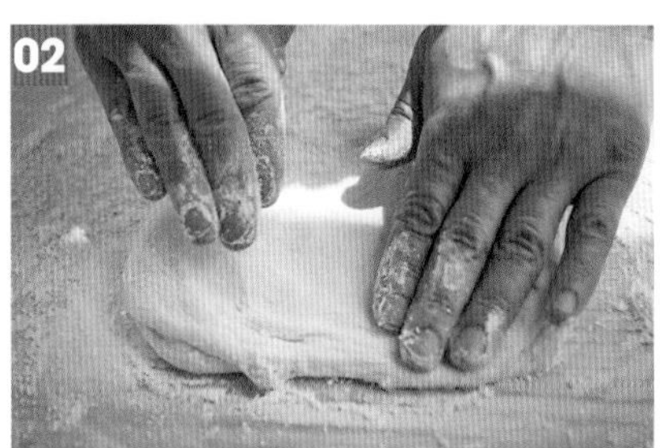

02 生地をのばす。生地は前日に打ち、1〜1.5時間ほど一次発酵させ、ひと晩かけて二次発酵させたもの

焼き上がったマルゲリータ。コルニチョーネ（縁）がふっくら膨らんでいるのがナポリピッツァの特徴

モッツァレラ、ゴルゴンゾーラ、アメリカンクリーム、パルミジャーノの4種のチーズを載せたクワトロフォルマッジ

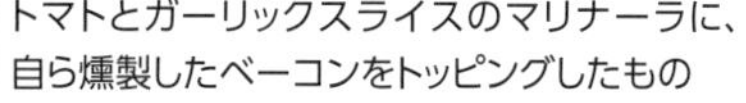

トマトとガーリックスライスのマリナーラに、自ら燻製したベーコンをトッピングしたもの

03

1分もすれば、いい焼き加減に

途中、ステンレス製のピールでピザを引き出し、窯口付近で回転させて再び窯に入れる。焼きムラをなくすための作業。この作業がしやすいよう、床に大理石を使っている

さらに30秒ほどで焼き上がり。焼け具合を見て、最後はピールでピザを上方に持ち上げて仕上げ焼きをすることも（写真のピザはクワトロフォルマッジ）

トッピング。トマトソース、モッツァレラチーズ、バジルのマルゲリータに、すりおろしたパルミジャーノをふりかける

STEP3 ピザを焼く

熾き火を左に寄せ、その上に薪を追加。耐火レンガを右にずらし、ピザの置き場所を作る。さらに焼き床を濡れタオルで拭いてきれいにする。窯の中は高温なので、濡らした軍手をはめ、トングの先に濡れタオルを巻きつけて作業する

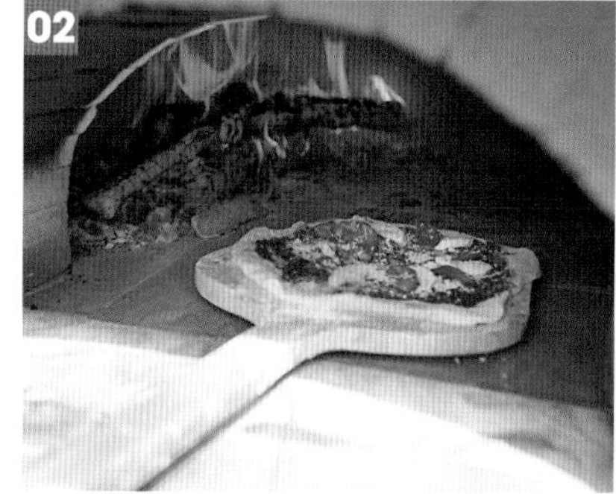

木製のピザピールに打ち粉をしてピザを載せ、窯に入れる。迷いなくサッとピールを引くのが、ピザをうまく焼き床に置くコツ

パーライトをたっぷり詰めて高断熱 本体はシンプルなドーム窯

松本篤典さんが作った窯は、当初耐火キャスタブルで成形したドーム部分がむき出しの状態だったが、それでは断熱性が低く高温を保ちにくいため、周囲を赤レンガで囲み、すき間にパーライトを充てんして長時間活用できるようにグレードアップした。

ドームのサイズは内径約1000㎜と大きめ。前日から薪を燃やし、この大きな窯をしっかりと温めておいて、1分～1分半で素早く焼き上げるのが松本さんのナポリピッツァだ。

生地作りにもこだわりが見られる。使用する小麦粉とビール酵母はナポリ製、生地をこねるのは本場ナポリピッツァでも使われるスパイラルミキサーという具合。

「最初はナポリピッツァが好きなだけだったんですけど、自分で焼くようになってどんどんハマっちゃって、いろいろこだわるようになりました」

そう語る松本さん、実は今、ナポリピッツァの店を開く計画を立てているのだとか。窯の自作から始まった新たな楽しみが、さらに大きく広がろうとしている。

窯の構造図

＊単位は㎜

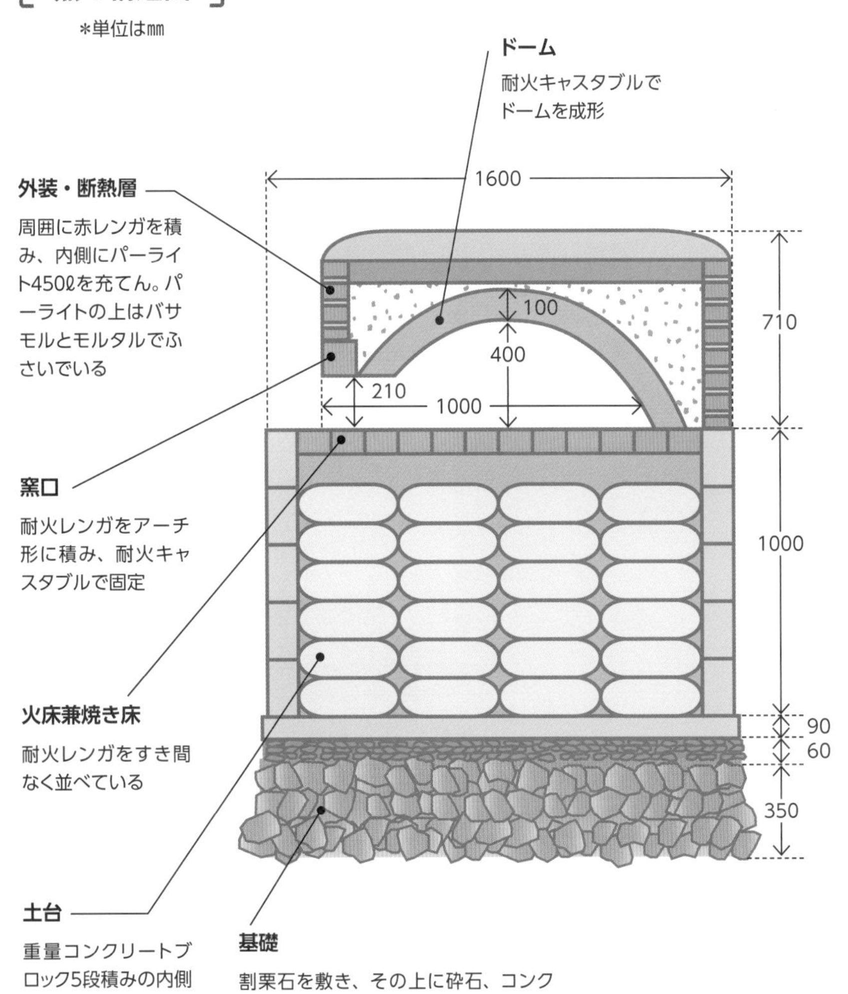

薪は、近隣のゴルフ場などで伐採されたものを引き取ることが多い。チェンソーで玉切りし、7トンの電動薪割り機で割る

DATA

製作者	松本篤典さん（51歳／会社員／千葉県茂原市）
材料費	約12万円
製作日数	56日
窯内部の形	ドーム形
ドーム	耐火キャスタブル
火床兼焼き床	耐火レンガ
外装・断熱層	赤レンガ、パーライト
煙突	なし
土台	コンクリートブロック、土のう袋

写真◎門馬央典（P62-63は除く）

プレヒート中、保温のために窯口にフタをする。フタは知人が3㎜厚の縞鋼板などを使って手作りしたもの

田んぼに囲まれた開放的な庭に窯を製作。土台のコンクリートブロックの塗装は、イタリア国旗に使われる赤、白、緑の各色を少しダークにアレンジしたもの。土台の幅は約1600、窯口の幅は約500㎜

2種類のピザピールをネット通販で購入。皿が大きく、短いほうはピザを窯に入れるときに使用。もう一方は薪を入れるときや、窯の中でピザを動かすときに使う

松本さんの窯の作り方

STEP1 土台を作る

地面を500㎜ほど掘り、割栗石を敷く

砕石を50㎜ほど敷いて突き固め、その上にコンクリートの型枠を組み立てる

型枠内にコンクリートを打つ

コンクリートの上に重量ブロックを積む

ブロックを5段積み、内側には土のう袋を詰める

土のう袋の上に、砂を水平に敷く

STEP2 耐火キャスタブルでドームを作る

砂の上に耐火レンガをすき間なく並べて火床兼焼き床を作る。60個のレンガを使用

火床兼焼き床の上に砂を盛り、ドームの型を作る。窯口の型には、約500㎜径のプラスチックバケツを半分にカットしたものを使用

砂の上に濡らした新聞紙をかぶせる

新聞紙の上に耐火キャスタブルを約100㎜厚で塗り、ドームを作る

耐火キャスタブルが固まったら、型を取り除いてドーム窯の完成

STEP3

断熱層を増設する

01 窯口に再び型を設置し、半割りにした耐火レンガでアーチを作る。すき間に小石を入れて並べる

02 アーチの耐火レンガを耐火キャスタブルで固定。続いて、ほぼ土台いっぱいの広さで赤レンガを積む。目地はモルタル

03 赤レンガを積み終えたところ。使用した赤レンガの数はおよそ150個

04 赤レンガの内側にインターネット通販で購入したパーライト450ℓを充てんする

05 パーライトの上にバサモル（水分が少なくバサバサしたモルタル）を敷く

06 バサモルの上にモルタルを塗って完成

こねたものを発酵器で1時間半〜2時間ほど一次発酵させ、その後、ピザ1枚分ずつの量に切り分けて発酵器で二次発酵させる。発酵具合を見ながら8〜12時間ほど

発酵した生地を手でのばす。空気を縁に向けて押し出す感じ

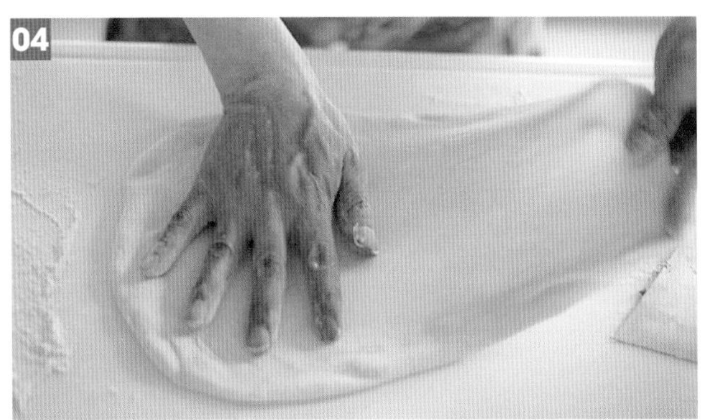

生地の内側は引っ張って薄くのばす

トッピングをして、ピザピールに載せる

STEP1
窯の準備

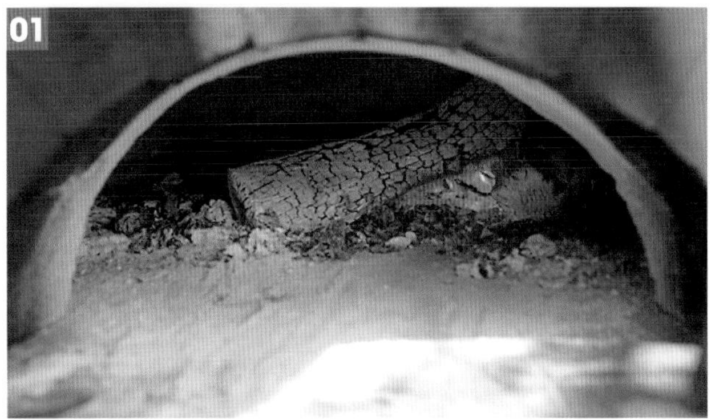

前日の午後1時から11時までしっかりとプレヒートしておいた窯に、当日の朝6時、再び火入れ。熾き火が途切れないよう、少しずつ薪を追加していく

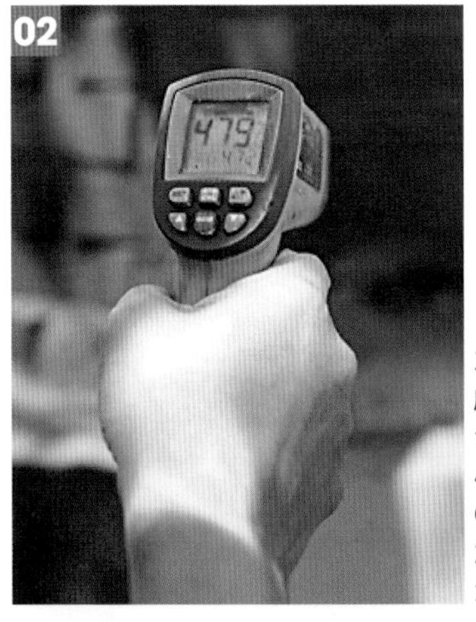

3時間ほど薪を燃やし続けて、火床兼焼き床の温度を測ると479度。ナポリピッツァを焼くには400〜450度が適温なのでスタンバイOK。インターネット通販で購入した赤外線デジタルサーモメーターが便利

STEP2
ピザの準備

生地は前日から作り始める。まずはナポリ・カプート社の小麦粉、ナポリ産のビール酵母、塩、水を混ぜ、このスパイラルミキサーでこねる

04

1分ほどでナポリピッツァが焼き上がった

手前はマルゲリータにブロッコリーとシラスをトッピングしたもの。奥はオイルサーディンやルッコラが載る

松本さんのおすすめ、チキンとレンコンのピザ

STEP3 ピザを焼く

01

窯の中の熾き火をピールで左に寄せる

02

熾火の上に薪を1本追加して燃やす。この状態でピザを入れる

03

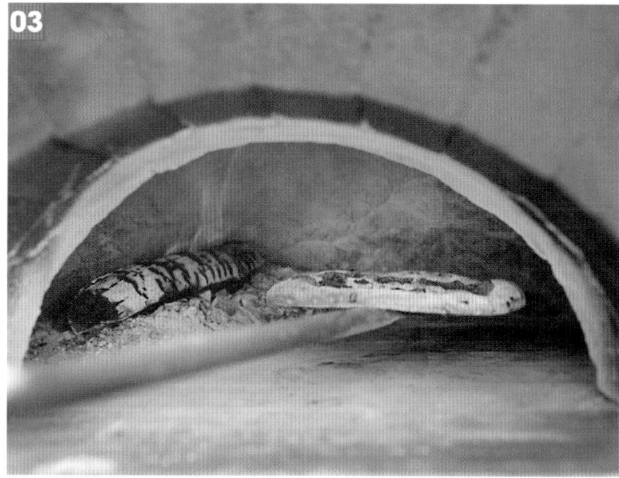

ピザを入れたらみるみるうちに焼けていく。ピザを置いて待つ時間はあまりなく、ピールでピザを回転させたり、持ち上げたりして焼け具合をコントロール

着脱式の煙突用に屋根がスライド レンガ製アーチを川石で覆った窯

ナポリからミラノを旅行した際に食べたピザの味が忘れられず、ピザ窯を作るに至ったという武内清則さん。耐火レンガをアーチ形に組んだものにシュロの皮を混ぜた粘土を塗り、さらに川石をモルタルで張りつけて単層式の窯を作った。仕上げ材に川石を選んだのは、武内さんが自然石を使った石垣の家並みがある地で育ったため、そのテイストを盛り込みたかったからだそう。

窯の後方に煙突をつけたが、燃焼効率を高めるため、曲げずに真っすぐ上に伸ばしたいと考えた結果、煙突は着脱式、屋根はスライド式という変則的なスタイルに。窯を使うときだけ屋根を前方にスライドして煙突の上にすき間を作り、煙突を真上に継ぎ足して屋根より高く伸ばすというわけだ。このアイデア、ドーム球場を見てひらめいたというから面白い。

窯から土台まで川石で覆い、一体感のある仕上がり。これは延長用の煙突をはずした状態。屋根をスライドさせるための受け材が前方に突き出ている

DATA

製作者	武内清則さん（63歳／自営業／大分県日田市）
材料費	約6万円
製作日数	約20日
窯内部の形	アーチ形
アーチ	耐火レンガ、耐火キャスタブル
火床兼焼き床	耐火レンガ、耐火キャスタブル
外装・断熱層	粘土、川石
煙突	薪ストーブ用煙突
土台	コンクリートブロック

イラスト◎丸山孝広

レンガ製アーチに金網を巻いて粘土を塗りつけているところ。自分の畑で取れた粘土にシュロの皮をほぐして混ぜ、素足で踏んでこねたそう

土台の上に耐火レンガをすき間なく並べた状態。この上に耐火キャスタブルの平板を設置する

屋根を前方にスライドし、煙突を延長した状態。屋根の両側にキャスターを取りつけており、滑車とワイヤーを使ってスライドする

煙突の下のダンパー部分。煙突のサイズにくり抜いた鍋の落としブタをレンガにはめ込み、その下にダンパー（安山岩の板）を差し入れている

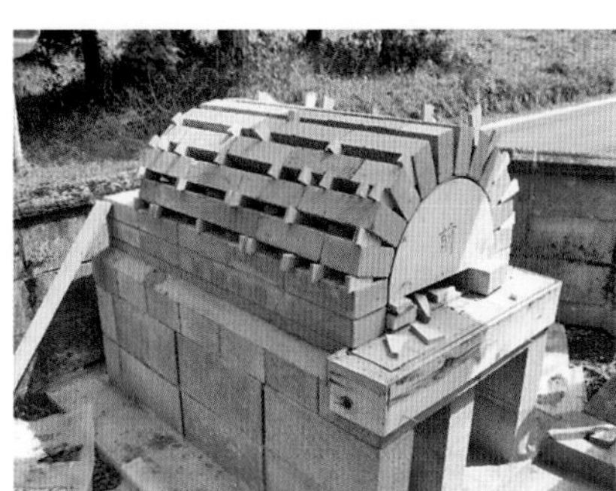

合板を切って作ったスペーサーを挟みながら普通サイズの耐火レンガでアーチを組んだ

窯の構造図

＊単位は㎜／屋根は省略

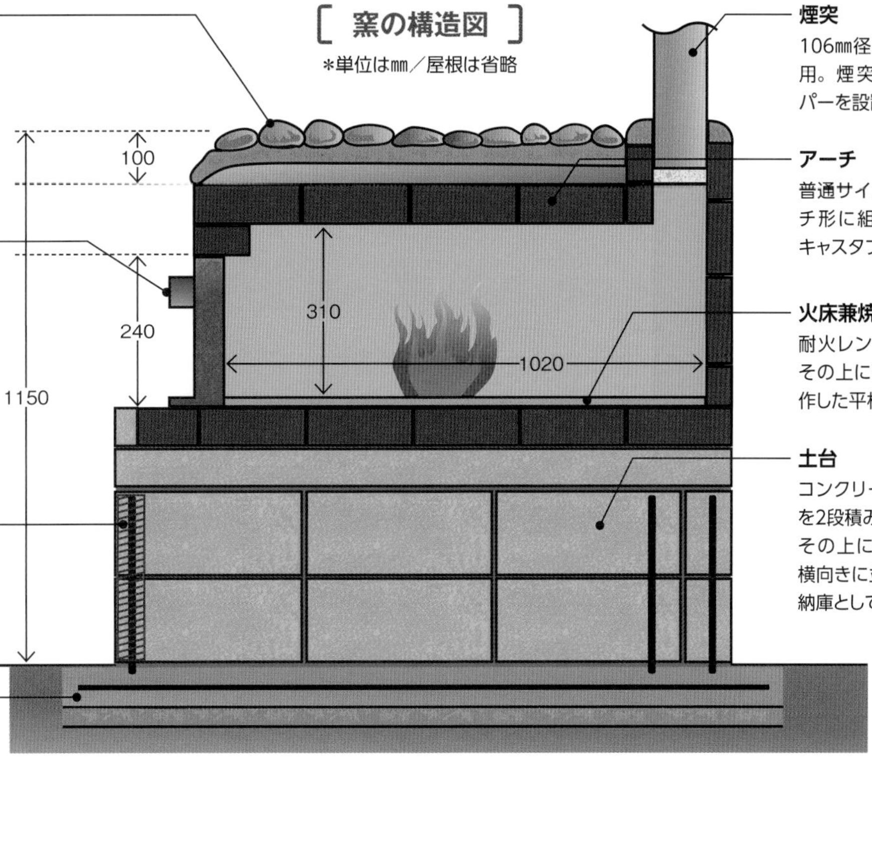

外装・断熱層
レンガ製アーチに金網を巻き、粘土を塗りつけて、川石をモルタルで接着

扉
耐火キャスタブルを型枠に流し込み製作。ステンレス製の取っ手を取りつけ、黒ペンキを塗って仕上げている。厚さは約30㎜

収納庫扉
2×4材で製作

基礎
砕石を50㎜厚で敷いた上に、コンクリートを100㎜厚で敷いている。コンクリートにはワイヤーメッシュを仕込んでいる

煙突
106㎜径のステンレス煙突を使用。煙突下にスライド式ダンパーを設置

アーチ
普通サイズの耐火レンガをアーチ形に組み立て、目地に耐火キャスタブルを使用

火床兼焼き床
耐火レンガをすき間なく並べ、その上に耐火キャスタブルで自作した平板（10㎜厚）を設置

土台
コンクリートブロック（120㎜）を2段積み、鉄筋を入れて補強。その上にブロック（100㎜）を横向きに並べている。内側は収納庫として利用

100
240
310
1020
1150

キャスタブル+パーライトで断熱 愛娘と安全に楽しめる窯

鉄製の扉はインターネットオークションで購入したもの。既製の扉に合わせて窯を作るのに苦労したそう

ハート型のタイルがかわいい土井邸のピザ窯は、ふたりの娘さんが現場監督を務めた力作。タイルの色、柄などは、当時4歳の長女・七海ちゃんが選んだのだとか。

お父さんはおいしいピザが焼けるよう、窯の作り方をしっかり研究。その結果、本場ナポリでおなじみのドーム型単層式の窯を作ることに決定した。耐火レンガと耐火キャスタブルでドームを作り、さらにパーライトをたっぷり混ぜた耐火キャスタブルを塗って断熱層を製作。窯を効率よく温めるためであるのはもちろんのこと、子どもが触って火傷しないようにという思いも込もっている。

窯の製作中は、作業が一段落するたびに「早くピザ食べよう」と娘さんに催促され続けたという土井さん。はじめて焼き上げたピザは、娘さんにもお父さんにも格別の一枚だったに違いない。

DATA

製作者	土井義博さん（37歳／理学療法士／宮城県石巻市）
材料費	約10万円
製作日数	約20日
窯内部の形	ドーム形
ドーム	耐火レンガ、耐火キャスタブル
火床兼焼き床	耐火レンガ
外装・断熱層	パーライトを混ぜた耐火キャスタブル、タイル
煙突	なし
土台	コンクリートブロック

写真◎那須川 薫（製作中カットは除く）／イラスト◎丸山孝広

最下段に扇形レンガを円形に並べてから、型に合わせて半割りレンガを設置

土台はコンクリートブロックを積み上げ、鉄筋を入れて補強

窯の背面にはタイルで「PIZZA」の文字が。ハートもたっぷり

シート状のタイルを細かくカットし、ドーム形に合わせて張っている

火床兼焼き床の表面が平らになるよう、パーライトの上に耐火レンガを並べている

窯の構造図

＊単位は㎜

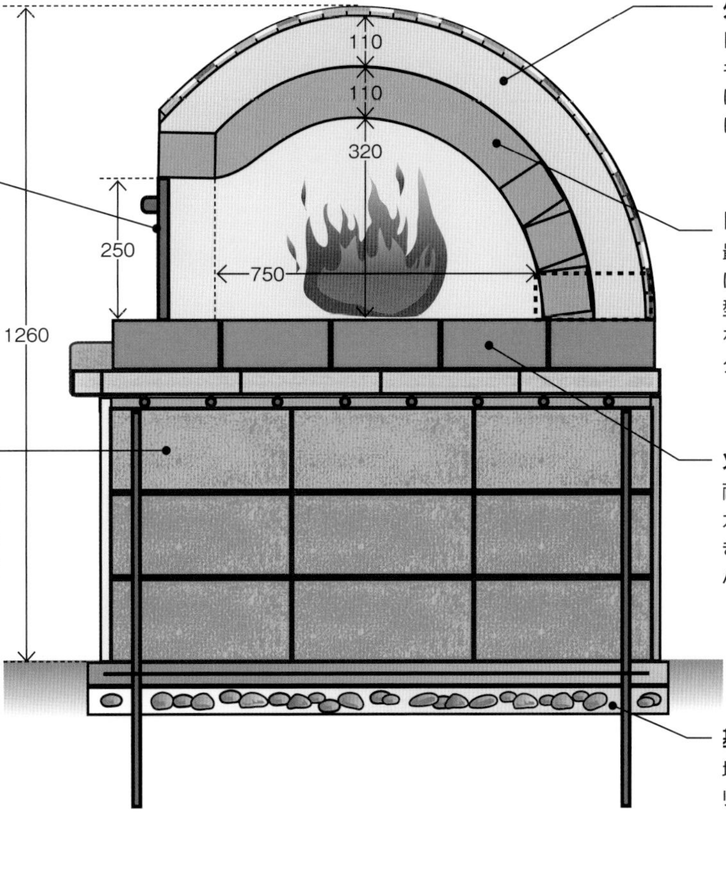

110
110
320
250
750
1260

外装・断熱層
ドームにパーライトを混ぜた耐火キャスタブルを塗り重ねた。表面はカラフルなタイルを張って仕上げている

扉
インターネットオークションで購入した鉄製の扉。幅は380㎜

ドーム
最下段に扇形の耐火レンガを円形に設置。さらに砂で作ったドーム型に合わせて半割りの耐火レンガを2段重ね、その上は耐火キャスタブルで成形

土台
コンクリートブロックを日の字形に3段積み、パーライトとセメントで作った平板を載せている。ブロックの表面はコンクリート補修材を塗ってからペンキで塗装

火床兼焼き床
耐火レンガを敷いているが、レンガの微妙な厚さの違いによってできる凹凸を解消するため、下地にパーライトを敷いている

基礎
地面を掘って砕石を敷き、コンクリートを50㎜厚で流し込んでいる

レンガの窯口と既製の扉を装備 泥団子で作ったアースオーブン

普段は東京で暮らし、週末には千葉県にある里山で田舎暮らしを楽しむ鈴木さん一家。自分たちで育てた麦を使って、一からパンを焼いてみたいと窯作りにチャレンジした。

選んだ窯のタイプは、泥団子を並べ、ドーム状に成形するアースオーブン。里山に広がる豊富な自然素材をいかせる、鈴木さん一家にとって、まさにぴったりの工法というわけだ。

夫婦で美術教室を経営する仕事柄、子どもたちを連れたサマーキャンプなどでの使用も考え、窯のサイズは通常よりもやや大きめに製作。200度ほどの熱を長い時間保つことができるのでパン作りには最適だとか。

童心に返って、泥遊びをする感覚で窯を作る。大人はもちろん、子どもも気軽に作業に参加できるこんな窯作りも面白い。

身の回りの自然素材や廃材を有効活用して作ったアースオーブン。粘土は雨に弱いため、屋根掛けは必須

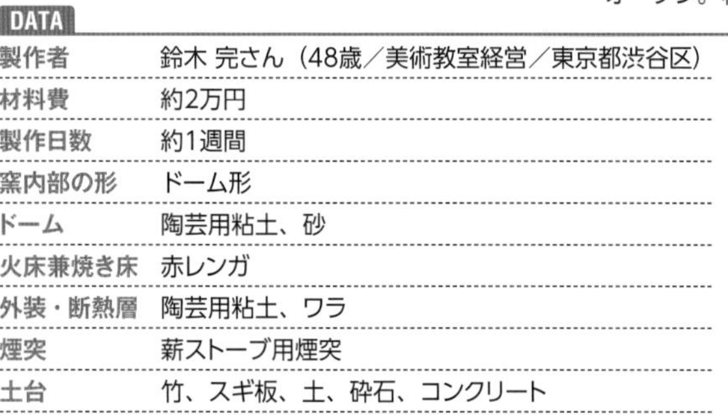

DATA

製作者	鈴木 完さん（48歳／美術教室経営／東京都渋谷区）
材料費	約2万円
製作日数	約1週間
窯内部の形	ドーム形
ドーム	陶芸用粘土、砂
火床兼焼き床	赤レンガ
外装・断熱層	陶芸用粘土、ワラ
煙突	薪ストーブ用煙突
土台	竹、スギ板、土、砕石、コンクリート

写真◎田里弐裸衣（製作中カットは除く）

ワラは細かく裁断して断熱層に混ぜる

硬化した陶芸用粘土は、水をかけて足で踏んでこねる

あらかじめレンガで窯口を作ってから、ドーム型をかさ上げするために木箱を重ねる

敷地に生えていた竹で土台の枠を作る。竹を井桁に組み、各コーナーに鉄筋を差して固定

粘土と砂を混ぜたもので成形したドームに、粘土とワラを混ぜて作った団子を張る

砂でドーム型を作り、濡らした新聞紙で覆う

しっかり土を詰め込んだ上に砕石を敷き、ワイヤーメッシュをセット。ここにコンクリートを流し込めば土台ができる

窯の構造図

＊単位は㎜／屋根は省略

煙突
薪ストーブ用のシングル煙突（100㎜径）を利用。根元付近に薪ストーブ用の煙突ダンパーを装備

ダンパー

扉
ホームセンターで購入した焼却炉の扉。窯口のサイズは幅350×高さ260㎜

火床兼焼き床
土台のコンクリートの上に赤レンガを敷いている

基礎
粘土質の地面をユンボで整地し、踏み固めたもの。「普通の庭にはもっとしっかりした基礎を作ったほうがいいかも」と鈴木さん

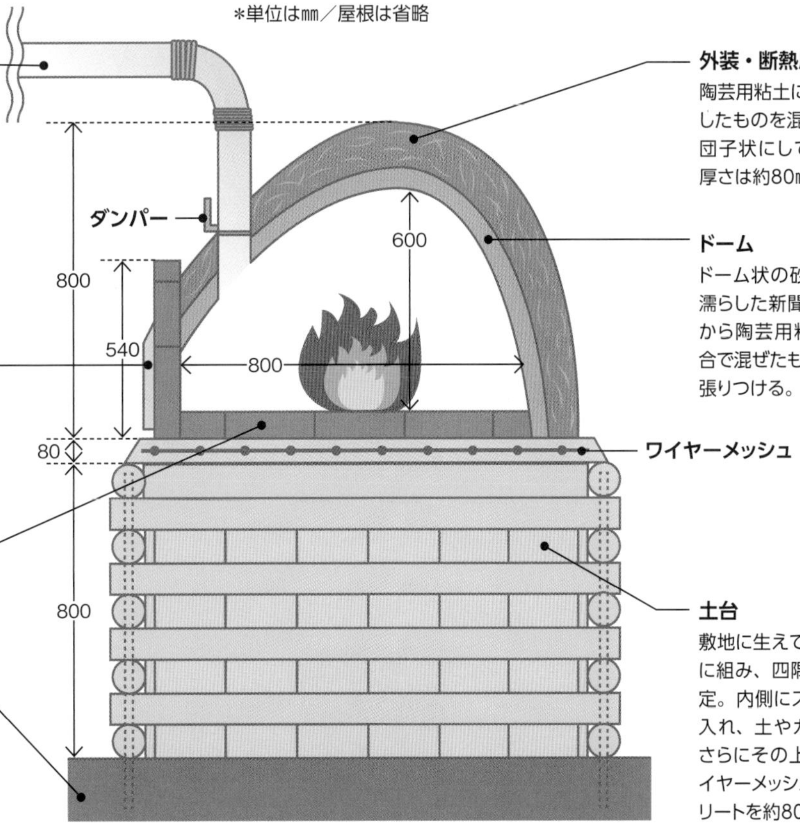

外装・断熱層
陶芸用粘土にワラを細かくカットしたものを混ぜ、ドームと同様、団子状にして張りつけている。厚さは約80㎜

ドーム
ドーム状の砂型を作り、表面に濡らした新聞紙を張る。その上から陶芸用粘土と砂を2:1の割合で混ぜたものを団子状に丸め、張りつける。厚さは約40㎜

ワイヤーメッシュ

土台
敷地に生えていた孟宗竹を井桁に組み、四隅に鉄筋を通して固定。内側にスギ板で作った箱を入れ、土やガラを詰めている。さらにその上に砕石を敷き、ワイヤーメッシュを仕込んでコンクリートを約80㎜厚で敷いている

レンガを段々に積んでドーム形に 随所に独創性が光る窯

やや縦長のドーム形とプチブリックの外装が相まってかわいらしいデザインに。無骨で男っぽいものはあえて避けたそう

当初は大谷石積みのアーチ形窯に憧れていた立川浩二さん。しかし大谷石の送料が予想以上に高価なため、耐火レンガを使ってドーム形の窯を作ろうと計画を変更。両側を斜めに切った耐火レンガをCの字形に並べ、1段ごとに段差をつけて積むという方法でドームを成形することに。また、なるべく燃料を節約できるようにと、必要最小限のサイズを意識して作った。

一見、二層式のようだが、窯口の中ほどに渡した床が火床兼焼き床で、その下は副燃焼室。窯が温まったら、薪を落とすためのスペースだ。そうして窯を温め続けながら、焼き床でピザなどを焼く。同時に、副燃焼室でスモークをする狙いもある。

窯の外装はプチブリック、窯口のフタや煙突のダンパーは大谷石、土台は焼き過ぎレンガと、一般的な資材使いとは微妙に変化をつけながら、バランスよいデザインに仕上がっているのがお見事。また、大きな屋根をかけるのではなく、手軽に着脱できる屋根形のカバーを作るというアイデアも面白い。

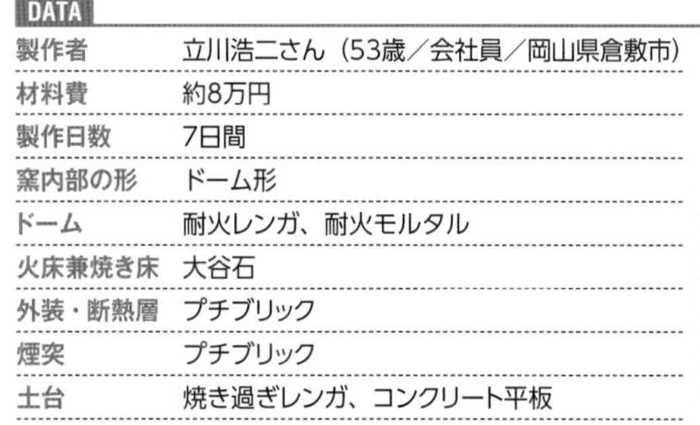

DATA

製作者	立川浩二さん（53歳／会社員／岡山県倉敷市）
材料費	約8万円
製作日数	7日間
窯内部の形	ドーム形
ドーム	耐火レンガ、耐火モルタル
火床兼焼き床	大谷石
外装・断熱層	プチブリック
煙突	プチブリック
土台	焼き過ぎレンガ、コンクリート平板

イラスト◎山本 勇

背面のプチブリック張りもきれいに仕上がっている

角材とポリカーボネイトの波板で作ったミニ屋根。サイズは小さいが、雨から窯を保護してくれる

溶岩石に載せて焼いたピザは裏側もほどよく焼ける

アルファベットのCを1段ごとに小さくするようにして、ドーム形の窯を作っている

大谷石で作った窯口のフタとダンパー。開口部にジャストフィットしており、取っ手部分の細工がさりげなくも印象的

窯の構造図

＊単位は㎜

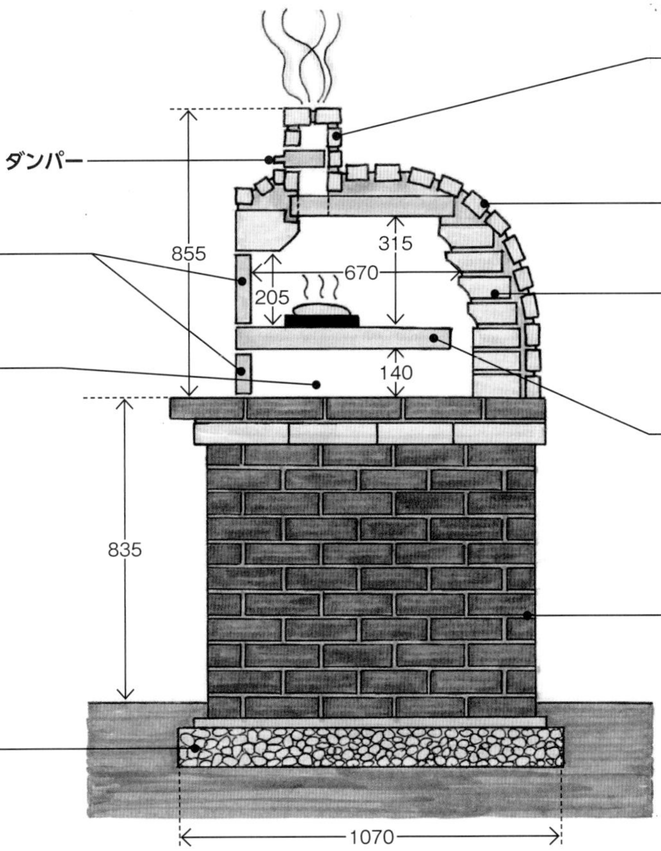

煙突
プチブリック積みで製作。ダンパーには大谷石（60㎜厚）を使用

ダンパー

外装
プチブリックで化粧

フタ
大谷石（60㎜厚）をカットして製作。窯口の幅は400㎜

ドーム
耐火レンガを適宜カットしてドーム形に成形。目地は耐火モルタル

副燃焼室
上層の火床で燃やした薪を落として窯を保温。ここでスモークもできる。床はフランスレンガ敷き

火床兼焼き床
大谷石（60㎜厚）を使用。ピザを焼くときはピザの裏側をほどよく焦がすために溶岩石をセットする

土台
焼き過ぎレンガを11段積み、コンクリート平板（60㎜厚）を載せている。内側は薪の収納スペース

基礎
砂利を約100㎜厚で敷き、モルタルを約20㎜厚で敷いている

大判の大谷石で本体を製作 重厚感のある単層式窯

もの作りフィールドで活躍しているピザ窯。窯の幅は900㎜

DATA

製作者	伊藤弘幸さん（72歳／千葉県長生郡）
材料費	約5万円
製作日数	約2カ月
窯内部の形	アーチ形
アーチ	耐火レンガ、耐火モルタル
火床兼焼き床	耐火レンガ、耐火モルタル
外装・断熱層	なし
煙突	薪ストーブ用煙突
土台	化粧ブロック、コンクリート平板

千葉の房総半島に、みんなでもの作りをして遊べる場所を作っている伊藤弘幸さん。はじめはそば打ちをやっていたが、ピザのほうが生地を伸ばしたり、具をトッピングしたりという作業にイベント性があり、老若男女問わず楽しめるのではとピザ窯の製作を思い立った。

それからはいろいろな種類の窯を見学したり、ピザ店を営んでいた人を訪ねたりして研究。その結果、大谷石を主要資材に選び、大型の単層式窯を作ることに。

完成後はたびたび仲間たちとピザパーティーを開き、香ばしくパリッと焼けたピザを堪能。ただ、窯口の位置をもう少し高くしたほうがピザを焼きやすかったし、窯内部もちょっと広すぎたかと分析している。次に窯を作るときには、それらの点を改良したいのだとか。

写真◎佐藤弘樹／イラスト◎山本 勇

ピザ窯側面。窯のまわりに組んだ木枠は煙突をしっかり支えるための補強。ここにフックをつけてピールやトングを吊るしている

アーチ部分のレンガの目地などには耐火モルタルを使用。「扱いが難しくなかなかうまくいかなかった」と伊藤さん

1800㎜と煙突を長めにしたのは伊藤さんのこだわり。これにより空気の流れが強くなり、薪が完全燃焼するとのこと

ピールや火かき棒も鉄筋と鉄板、アングルを使った手作り

窯口の前に3㎜厚の鉄板を設置して簡易的なレールとし、扉をスライドさせる

アーチ状に並ぶ耐火レンガは、ひとつひとつディスクグラインダーで扇形に加工した

窯の構造図

＊単位は㎜／木枠は省略

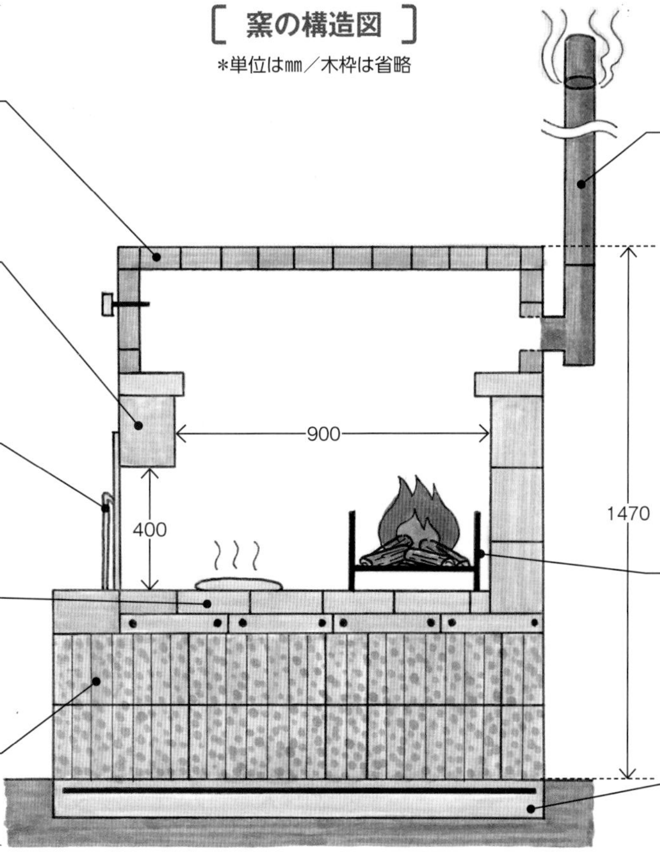

アーチ
耐火レンガを扇形にカットして組んでいる

燃焼室兼焼き室の壁
150×300×900㎜の大谷石をディスクグラインダーでカットして組み立てている

扉
3×450×450㎜の鉄板を加工して製作

火床兼焼き床
溶鉱炉で使われていたという耐火レンガを並べている

土台
化粧ブロックを2段積み、鉄筋入りのコンクリート平板を載せている

煙突
140㎜径×1800㎜のステンレス製

鉄筋で作った台。ここで薪を燃やして熾き火にする

基礎
モルタルを100㎜厚で敷き、鉄筋を入れて補強

900
400
1470

シンプル構造でも実用性は満点 土台もクッカーにした窯

アーチ形のように見えるスクエア形の窯。土台の内側でも火を焚き、ゴトクに釜をかけて調理している

アウトドアガイドである太田圭司さんは、野外料理の達人。自作の窯でも単にピザを焼くだけでなく、さまざまな外メシを作って楽しんでいる。

バリエーション豊かなメニューを可能にしているのは、実は窯本体よりも土台を活用した調理スペース。土台の内側でも火を焚いて、釜飯を作ったり、燻製をしたりとフル稼働させているのだ。

なお一見アーチ形のような窯は、スクエア形。天井の上にアーチ状の石材を載せてデコレーションしている。

また、火床兼焼き床や天井には普通サイズの耐火レンガを使用していることにも注目。鉄筋やアングルを側面に渡し、その上にレンガを載せている。シンプルな発想による簡易的な構造だが、製作して6年以上経つ今も大活躍しており、パフォーマンスは満点だ。

DATA

製作者	太田圭司さん（46歳／アウトドアガイド／岐阜県関市）
材料費	約2万円
製作日数	約1週間
窯内部の形	スクエア形
天井	耐火レンガ、耐火モルタル、鉄アングル
火床兼焼き床	耐火レンガ、耐火モルタル
外装・断熱層	花壇用石材、自然石
煙突	薪ストーブ用煙突
土台	コンクリートブロック、敷きレンガ、鉄筋

写真◎谷瀬 弘（製作中および一部料理カットは除く）

土台の奥に設置した鉄筋に食材を吊るして燻製を楽しめる

製作中の様子。花壇用カーブ石材でアーチを作り、側面を自然石でふさいでいる。煙突は窯の背面に固定

窯の天井部はアングルを渡し、耐火レンガを並べている

土台で調理したパエリア。窯そのものは単層式だが、機能は二層式と同様だ

しっかり蓄熱した焼き床の上で焼いたピザ

火床兼焼き床の耐火レンガは土台のブロックに鉄筋を渡し、その上に設置

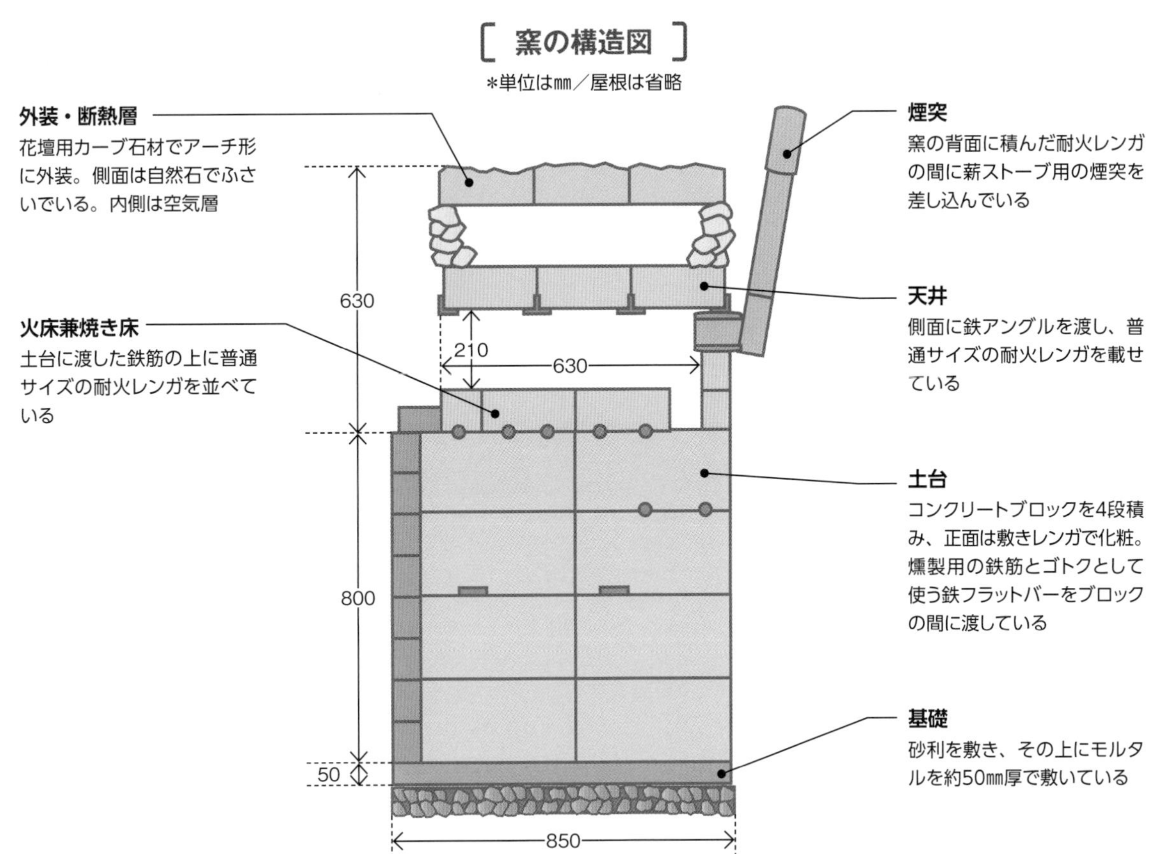

効率がいい送風もポイント
住宅街でも楽しめる炭仕様の窯

はじめは二層式の窯を作り、薪を焚いてピザを焼いていたFさんだが、「住宅街ゆえに煙の行き先が気になり落ち着いて楽しめない」と作り直した窯がこちら。あえて窯内部を小さめにした炭仕様だ。

Fさんいわく、炭でピザを焼くには、窯のサイズに加え、ブロワーで風を送り続けて火勢を強く保つことがポイントだとか。

「最初はドライヤーを使ってたんですが、ピザを焼くまでに3時間くらいかかって大変でした。で、ブロワーならどうだろうと、ホームセンターで3000円程度のものを買って使ったら、3分の1の時間でピザが焼けるようになったんです」

煙が出ない窯のおかげで、近隣に気を遣うことなく、息子さん夫婦、娘さん夫婦とのピザパーティーを楽しめるようになったFさん。みんなから〝窯じい〟と呼ばれるのも、まんざらでもなさそうだ。

庭の端っこに作った小さめのドーム形窯。割れタイルをコンクリートボンドで張って化粧している。目地はホワイトセメント。土台と火床兼焼き床は、最初に作った二層式窯のものを再利用

DATA

製作者	Fさん（57歳／公務員／埼玉県東松山市）
材料費	約1万円（再利用分を除く）
製作日数	約10日
窯内部の形	ドーム形
ドーム	耐火レンガ、モルタル
火床兼焼き床	耐火レンガ、耐火キャスタブル
外装・断熱層	タイル
煙突	なし
土台	コンクリートブロック、コンクリート平板

炭は火熾こし器に入れてキッチンのガスコンロでおこす。熾こした炭を窯に移したら、電動ブロワーで送風し、火勢を強める

火床兼焼き床は耐火レンガ2段積みで、上段の中央部には耐火キャスタブルで作った板をはめている。その上に、花壇用カーブ石材2個をモルタルで接着して窯口のアーチを作り、半割りの耐火レンガを円形に並べている

送風し続けて1時間ほどで窯が温まる。ドームの外側が触れなくなるくらい熱くなるのが目安。炭の使用量は毎回8kgくらいだそう

しばらく雨ざらしにしていたら、窯のタイルの目地がヒビ割れたので屋根をつけた。壁面はかわいく装飾し、眺めても楽しめるデザインに

[窯の構造図]

＊単位は㎜／屋根は省略

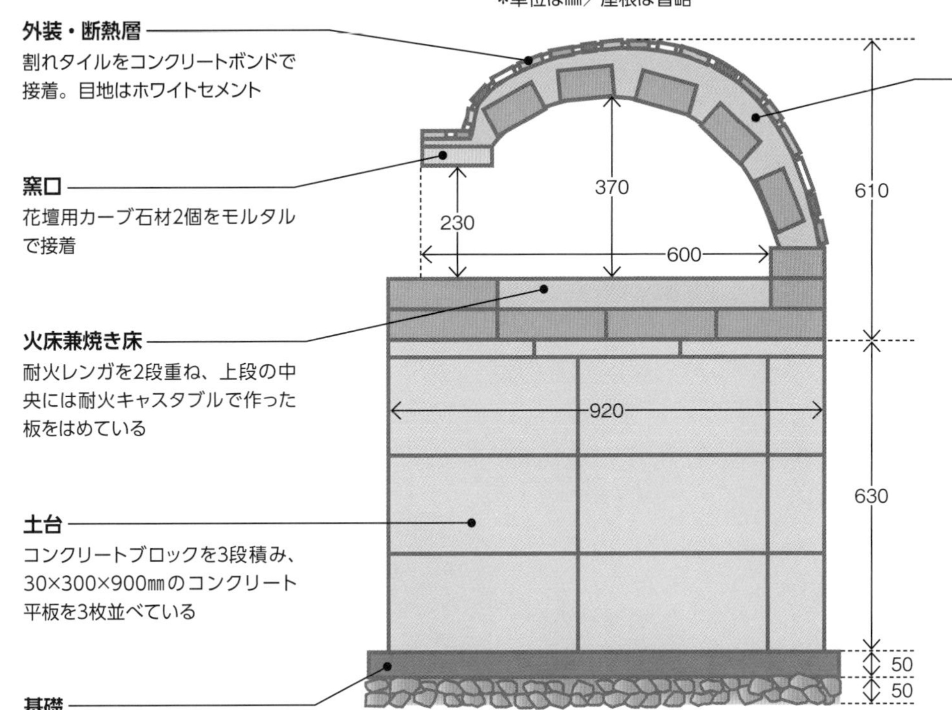

好きなところでピザパーティー屋根ごと移動できる窯

外構のプロでいて、木工や溶接も楽しむもの作り大好き人間、清水俊雄さんが、イベントでのデモンストレーション用に作ったのが、このピザ窯。土台にキャスターがついており、屋根まで一体になったものを容易に移動させられる。設置場所が決まったら、高さ調節ができる脚を伸ばして地面に固定すればスタンバイOKだ。

土台や屋根は、鉄の角パイプを溶接したフレームに、自ら伐り出したクリの木をかぶせて化粧するなど、凝った作り。窯本体は、溶岩板を火床兼焼き床にして、その上に粘土で内径約３５０㎜の小さいドームを成形したシンプルな構造だが、おいしいピザが焼ける。粘土は、地元の藤岡瓦に使われるものを調達したそう。

イベントで使うときはクレーンで軽トラの荷台に載せて運搬。普段は庭の一角に設置して、自宅でピザパーティーを楽しんでいる。

小屋のサイズは幅約850×奥行約850×高さ約2400㎜。窯の周囲には風よけを、上方には遮熱板をつけている（いずれも2.3㎜厚の鉄板を使用）。キャスターは130㎜径のものを4つ装備

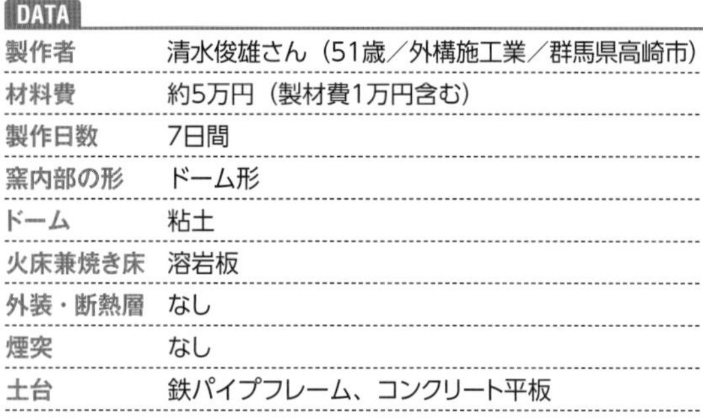

DATA

製作者	清水俊雄さん（51歳／外構施工業／群馬県高崎市）
材料費	約5万円（製材費1万円含む）
製作日数	7日間
窯内部の形	ドーム形
ドーム	粘土
火床兼焼き床	溶岩板
外装・断熱層	なし
煙突	なし
土台	鉄パイプフレーム、コンクリート平板

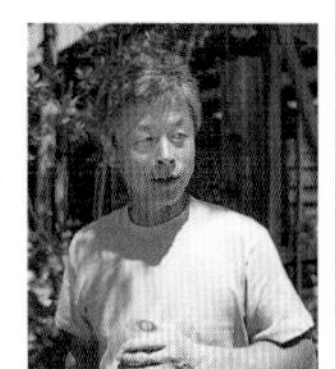

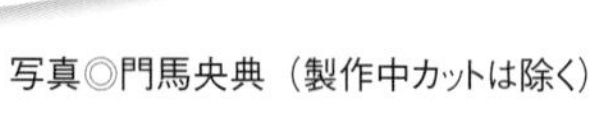

写真◎門馬央典（製作中カットは除く）

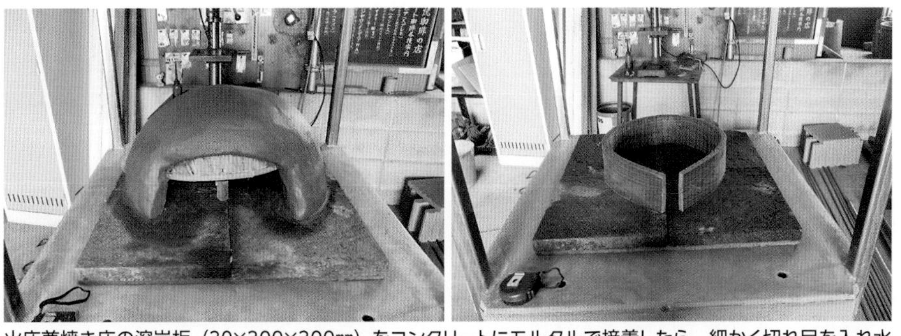

火床兼焼き床の溶岩板（30×300×300㎜）をコンクリートにモルタルで接着したら、細かく切れ目を入れ水に濡らして曲げた板に、ザルを載せて型を製作。そこに粘土を塗ってドーム形窯を作っている。窯の外径は500㎜、外高は250㎜。窯口は幅300×高さ230㎜

鉄の35㎜角パイプ、40㎜角パイプ、13㎜径丸棒を溶接してミニ小屋のフレームを製作。キャスターと、脚をはめるナットも溶接している

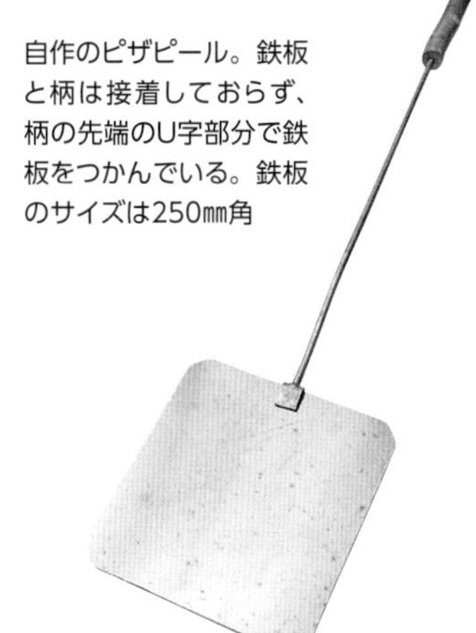

自作のピザピール。鉄板と柄は接着しておらず、柄の先端のU字部分で鉄板をつかんでいる。鉄板のサイズは250㎜角

ピザを焼くときは、ピザピールの鉄板ごと熾き火の上に置き、柄だけを取り外す

土台のコンクリートを打つために型枠を作ったところ。鉄筋を入れて補強している

窯の構造図

＊単位は㎜／屋根は省略

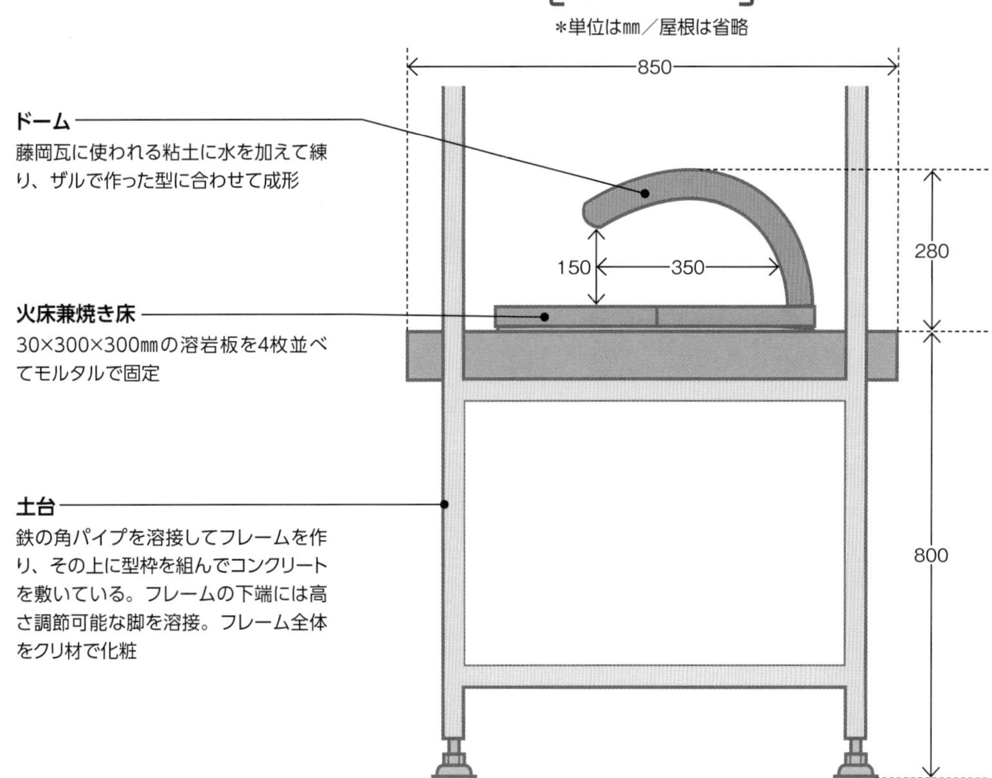

column

補修も手軽にできる

かんたん単層式窯の作り方

アースオーブンの外径は約1200㎜、土の厚さは約210㎜。土台には廃材の大谷石を積んでいる

農園に作ったアースオーブンだから、もちろんトッピングの野菜は自家製

P70にも登場するアースオーブンの主材は土。身近に適当な土があれば、材料費をほとんどかけず、また特別な道具を使うことなく作ることができる。土を掘ったり、こねたりという作業は労力を要するが、難しいテクニックは必要なく、DIY初心者や子どももすぐに取りかかれる簡単な窯作りといえる。

大塚祐介さん（東京都三鷹市在住）が仲間と作ったアースオーブンは、煙突がなく、窯口はレンガ積みなどを用いず開口しただけの、もっともシンプルなタイプ。三鷹オーガニック農園で野菜作りを楽しむ人々の交流の場に設置したもので、畑の赤土を使っている。赤土に砂、ワラ、水を混ぜてこね、団子状に小分けにしたものを、砂で作ったドーム型に張りつければ窯のできあがりというわけだ。

そのアースオーブンを使ってみると、内部の温度は400度以上に達し、性能面は文句なし。とてもおいしいピザが焼け、軽い気持ちで作り始めた製作メンバー一同、想像以上の出来に大喜びしたそう。

なお、火を入れることで固まるアースオーブンだが、耐火キャスタブルのように強固なものではなく、けっこうもろい。水濡れやちょっとした衝撃で崩れがちだ。しかし、補修もとても簡単。たとえ穴があいても、作ったときと同じもの、つまり土と砂とワラと水を混ぜてこねたものを塗りつければOK。耐久性は高くないが、気軽につき合っていける窯なのだ。

アースオーブンの作り方

赤土は農園の畑を1mほどの深さに掘って調達

赤土に、砂、ワラ、水を混ぜてよくこねる

こねたものを団子状に小分けにする。これを砂で作った型（濡らした新聞紙で覆ったもの）に張りつけ、ドームを成形。乾燥したら砂型をかき出し、火を入れて土を固めれば完成

アースオーブンの補修方法

穴の内側に木片などで壁を作る

壁を湿らした新聞紙で覆う

赤土、砂、ワラ、水を混ぜてこねたものを塗りつけて穴をふさぐ。その後、壁を取り除けば補修完了

Part 4

Examples of two-tier oven

二層式の ピザ窯・パン窯実例集

ここからは二層式の手作り窯をずらりと紹介。
単層式に比べて構造が複雑になる分、
窯によって違いが大きい。
焼き床（上層の床）はどう作っているか、
燃焼室（下層）と焼き床をどうつなげているか、
そんなふうにポイントを絞ってチェックするのも面白い。

＊製作者の年齢や職業などのデータはすべて取材時のものです

case01

わきに調理スペースを完備グラスウールで断熱する窯

機能的で見た目も楽しいピザ窯コーナー

重厚感のある自然石積みの土台に載る窯は、円柱形の燃焼室とドーム形の焼き室を持つ二層式。そのわきには具材を入れておくためのミニ冷蔵庫や、生地を伸ばすための台、道具収納、薪置き場と装備が充実。また、屋根から垂れ下がる飾り板はチーズが溶け出したかのようなデザインで、気分を盛り上げるのに重要な役割を担っている。

この個性的なピザ窯コーナーを作った宮澤健さんは、多いときで30人ほどの仲間を呼んでピザパーティーを開催。窯を中心に広がるコミュニケーションの面白さに夢中になっている。

「パーティーのときはみんなに焼きたい具材や料理を持ち寄ってもらい、好きな料理を窯で作るんです。友人の友人まで招待するんですが、ここで友人同士がつながっていくのを見るのはうれしいですね。

それからトマトソースは自家製、ピザに載せる野菜は家庭菜園で採れたものなんですが、窯でも食材や料理でも、自分でものを作る姿を見せることが子どもへの教育になっているとも感じています」

こんなふうに広がる友人の輪や、深まる家族の絆。窯が与えてくれるのは、おいしいピザだけではないようだ。

DATA

製作者	宮澤 健さん（38歳／自営業／長野県岡谷市）
材料費	約10万円
製作日数	約半年
焼き室内部の形	ドーム形
ドーム	耐火キャスタブル
火床	耐火レンガ
焼き床	耐火キャスタブル
外装・断熱層	モルタル、グラスウール
煙突	薪ストーブ用煙突
土台	自然石、ガラ、土

写真◎田里弐裸衣（製作中カットは除く）

窯の左側は調理用スペース。ミニ冷蔵庫があり、具材の保管に活躍。大理石の台で生地を伸ばし、トッピングする。台の下は薪の収納に

焼き床製作の様子。構造用合板と端材の樹脂板で枠を作り、耐火キャスタブルを流し込んでいる。厚さは約40mm

火床の製作途中。自然石を積んだ土台に、角材で枠を作り、砕石をつめたところ。ここに耐火レンガを敷き詰める

窯の右側には棚を設置。ピザピールや窯口のフタなど、よく使う道具の一時的な置き場所に最適

煙突は穴をあけた耐火レンガに固定している

燃焼室の壁面は耐火レンガを円柱状に積み上げている。目地はやや大きいが、すべて耐火キャスタブルで埋めた

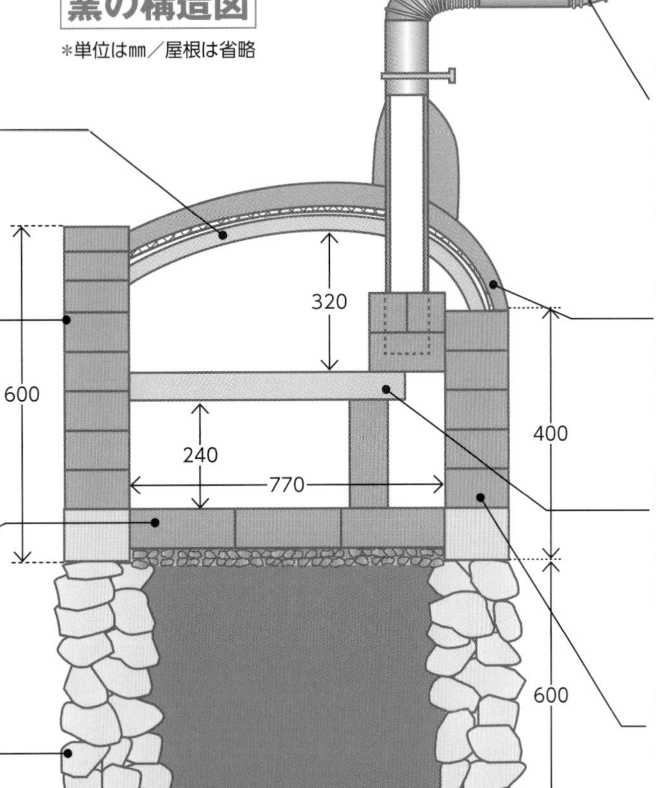

ドーム
土を盛って作ったドームの型に耐火キャスタブルを40mm厚で塗っている

窯口
耐火レンガをアーチ形に積み上げて製作。幅440×高さ200mm（最高部）。必要なときだけコンパネとアルミ板で自作したフタで窯口を閉める

火床
角材で枠を作り、内側に砕石を敷きつめてから耐火レンガを並べ、耐火キャスタブルで固定

土台
庭から出たさまざまなサイズ、形の自然石を口の字形に積み上げて固定。中にはガラや庭の土を充てんしている

煙突
120mm径のステンレス製。窯に固定した直筒にダンパーつきの筒をつなぎ、90°の接続パーツで直角に曲げて屋根の外に出している

外装・断熱層
ドームの上にグラスウールを張って断熱。さらにラス網を張ってからモルタルを塗って外装している

焼き床
耐火キャスタブルで円形のものを自作。厚さ40×最大幅700×奥行620mm。ピザが同時に2枚焼けるサイズを計算して作ったもの

燃焼室壁面
耐火レンガを円柱状に積み、耐火キャスタブルで固定

基礎
地面を掘り、砕石を80mm厚で敷いている

多様な調理ができる火床が二層の多機能窯

下部に二層の火床があり、三層式ともいえるピザ窯。右にかまどがあり、さらに右はバーベキュー炉

右からテラコッタ鉢をシンクにした水場、特注の石板で作ったそば打ち台、レンガ作りのバーベキュー炉、かまど、そしてピザ窯が並ぶ、なんとも充実したガーデンキッチン。これだけの設備があれば、調理からパーティーまでスムーズに楽しめるに違いない。

その中でも主役となるのは、やはりピザ窯だ。この窯は土台がなく、下部に二層の火床があるのが特徴的。上段の火床にはグレーチング（金属製の格子状の溝蓋）を使い、薪を燃やすだけでなく、ダッチオーブンを載せる台としても活用している。また、最上段の焼き室にはバーを渡して燻製の材料を吊るせるようにもしており、ピザだけでなくさまざまなメニューを楽しめる。

焼き室の上には2本のレバーがあり、1本はダンパーの開閉に、もう1本は焼き室の背部に取りつけた鉄板を開閉するのに使用する。ピザを焼くときは、焼き室が温まったら鉄板を閉じて火床からの煙を防ぐのが狙い。よりおいしいピザを味わうための、こだわりの装備なのだ。

DATA

製作者	Sさん
	（56歳／会社員／長野県安曇野市）
材料費	約15万円（ガーデンキッチン全体）
製作日数	約半年
焼き室内部の形	スクエア形
天井	フランスレンガ
火床	フランスレンガ、グレーチング
焼き床	耐火キャスタブル
外装・断熱層	マレーシアレンガ
煙突	薪ストーブ用煙突
土台	なし

写真◎田里弐裸衣

ガーデンキッチン全体の様子。右側の木製部分に水場とそば打ち台が並ぶ

最上段の焼き室のフタ。鉄板の裏に耐火キャスタブルで作った内ブタを取りつけ、ぴったり密閉し、熱を逃さないようにしている

自作のピザピールは細かい切れ目を入れたもの。こうすることでピールがほどよくたわみ、ピザやトレーを取り出しやすいそう

上下に分かれる二層式の火床

2本のレバー。左を操作してダンパーを開閉、右を操作して焼き室背部の鉄板を開閉する

窯の構造図

＊単位は㎜／屋根は省略

煙突
薪ストーブ用のシングル煙突

ダンパーと鉄板のレバー

温度計

燻製用バー

窯全体の壁面
フランスレンガを積み上げ、スクエア型の窯を製作。正面、側面は2色のマレーシアレンガで化粧

鉄板

焼き床
耐火キャスタブルで製作

火床（上段）
側面にグレーチングを渡している。薪を燃やすだけでなく、ダッチオーブンなどを載せる台としても活用

扉
溶接を使って自作した鉄製

火床（下段）
砕石を敷き詰めた基礎の上に、フランスレンガを並べている

400
320
250
1500

横のかまどからも温められる球形をイメージした窯

DATA

製作者	石川豊花さん（47歳／造園業／神奈川県小田原市）
材料費	不明
製作日数	約1週間
焼き室内部の形	ドーム形
ドーム	耐火キャスタブル
火床	平板、耐火キャスタブル
焼き床	耐火キャスタブル
外装・断熱層	漆喰
煙突	なし
土台	コンクリートブロック、モルタル

ピザ窯とかまどが並ぶマルチクッカーを作った石川豊花さんが、二層式の窯作りでこだわったのは球形に近づけること。上部の焼き室、下部の燃焼室ともに半球形にして、合わせて球形になるように作れば、熱がスムーズに流れて効率よく温められるのではないかという発想だ。

とはいえ、燃焼室を半球形にしてしまうと薪の置き場が不安定になってしまうため、床は水平にせざるを得ない。そこで壁をなるべく曲面にして、可能な範囲で球形に近づけることにした。

また、効率よく窯を温めるために考えたもうひとつの策が、横のかまどの熱を引っ張ること。かまどの燃焼室から窯の燃焼室へと通路をつなぎ、かまどで火を焚けば窯も温まるようにした。

このようにふたつの秘策（？）を盛り込んだ窯の機能は上々。窯を温めるのにさほど時間を要さず、窯が温まればピザ1枚あたり1～2分で焼き続けることができる。球形に近づけた形状と、かまどの熱を利用することが、それぞれどう効果を及ぼしているのかは、定かではないそうだが……。

ピザ窯とかまどが並ぶマルチクッカー。全体の幅は2010㎜

写真◎門馬央典

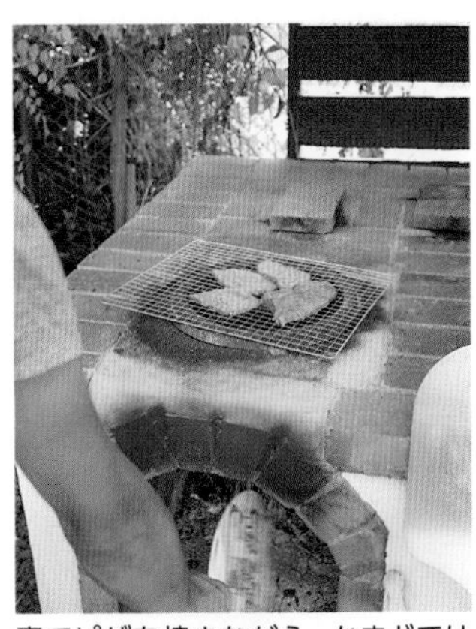

窯でピザを焼きながら、かまどではバーベキューが同時進行

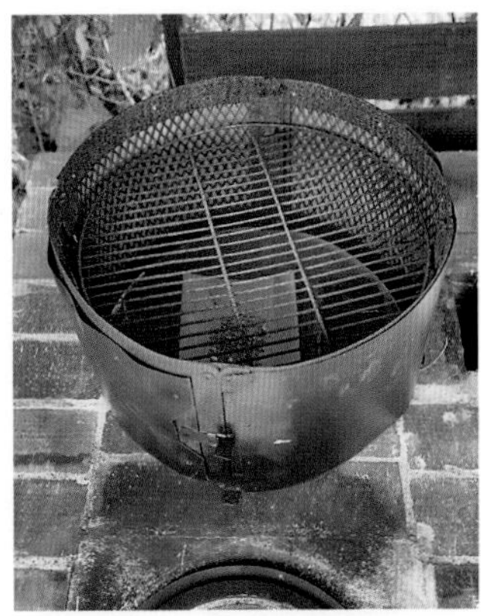

燻製の際は、火口にチップを載せた金属板を置き、その周囲を自作スモーカー（バーベキューグリルを改造したもの）で覆う。が、実はまだ試していないそう……

燻製用火口
ダンパー（レンガ）差し込み口
かまど

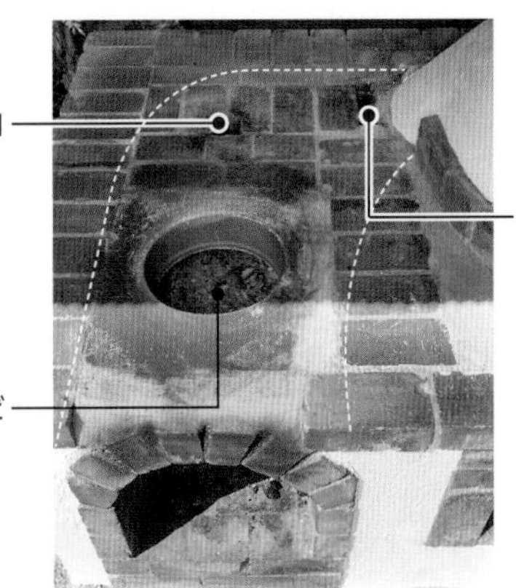

点線のようにかまどから窯へと火の通路をレイアウトしている

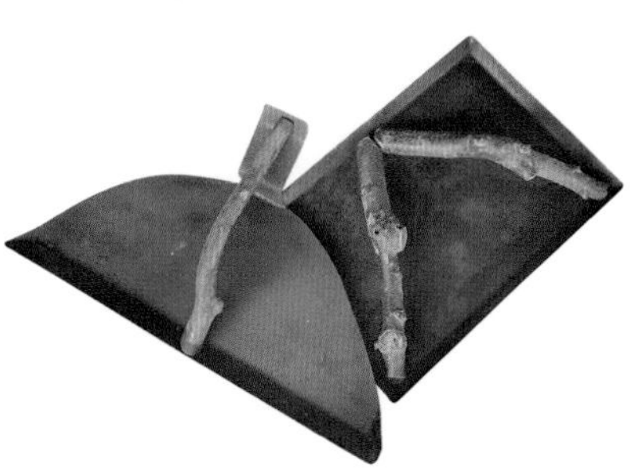

燃焼室と焼き室のフタに、バーベキュー用の鉄板を利用。燃焼室のフタは45×30㎝の鉄板をそのまま、焼き室のフタは窯口のサイズに合わせてカットしている。取っ手は自然木を裏からビス留め

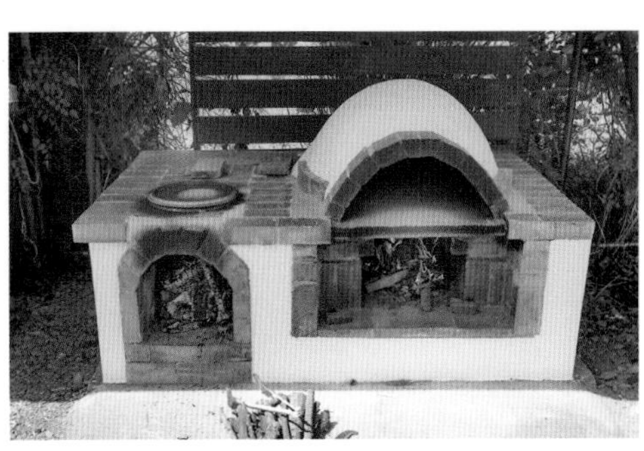

窯の火床とかまどの両方で薪を焚き、一気に窯を温める。かまどや燻製用の火口、ダンパーはふさいでおく

窯の構造図

＊単位は㎜／屋根は省略

320
450
750
320
650
1300
普通レンガ
（焼き床の支柱）

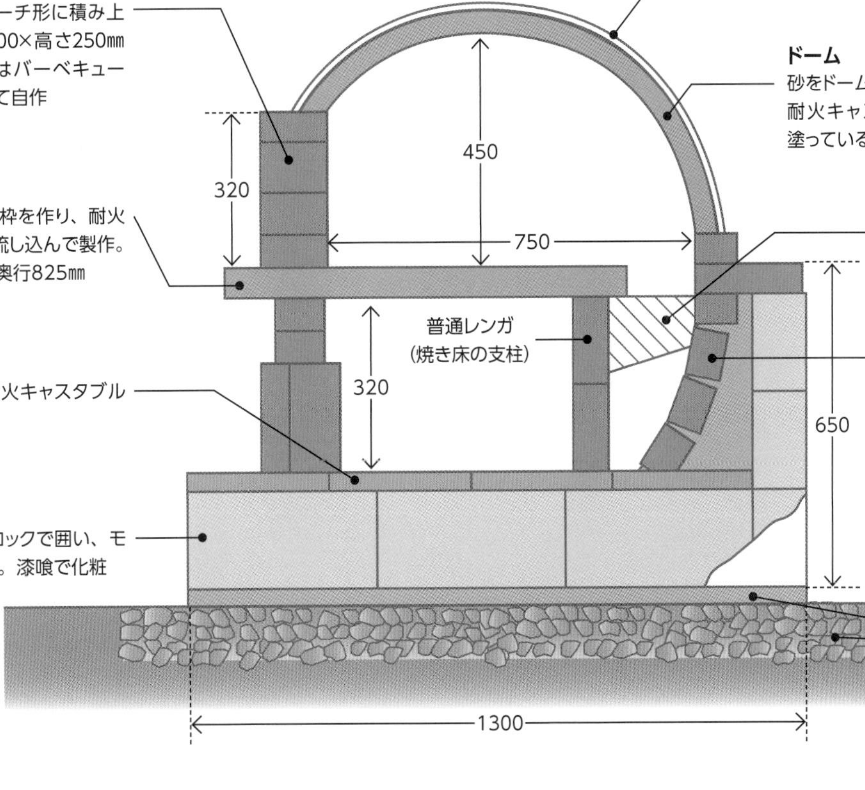

窯口
普通レンガをアーチ形に積み上げて製作。幅600×高さ250㎜（最高部）。フタはバーベキュー用鉄板を加工して自作

焼き床
角材と合板で型枠を作り、耐火キャスタブルを流し込んで製作。45厚×幅700×奥行825㎜

火床
平板を並べ、耐火キャスタブルで固定

土台
コンクリートブロックで囲い、モルタルを充てん。漆喰で化粧

外装
漆喰塗りで仕上げている

ドーム
砂をドーム状に盛り上げた型に、耐火キャスタブルを50㎜厚で塗っている

かまどの燃焼室から通じる口

燃焼室の壁面
普通レンガを半球状に積み重ねている。外側はコンクリートブロック

基礎
砕石を敷いた上に、50㎜厚でコンクリートを敷いている

セラミックレンガに断熱レンガ資材使いが特徴的な窯

DATA

製作者	加藤裕之さん（52歳／会社員／愛知県あま市）
材料費	約15万円
製作日数	約2年半
焼き室内部の形	ドーム形
ドーム	セラミックレンガ、耐火キャスタブル
火床	耐火レンガ、大判耐火レンガ
焼き床	大判耐火レンガ
外装・断熱層	タイル、ガラス玉、断熱レンガ、空気層
煙突	薪ストーブ用煙突
土台	コンクリートブロック、コンクリート平板

たまたまドーム形のセラミックレンガが手に入ったことから始まった加藤裕之さんのピザ窯作り。ピザだけでなくいろいろな料理を楽しめるようにと二層式の窯を作り始めるも、これがなかなかうまくいかない。耐火レンガを縦向きにして積んでみれば、アーチを支えられず崩壊。それならばと横向きにして積み直そうとすれば、土台からレンガがはみ出し、土台を割栗石で化粧する必要が生じ……。

そんな紆余曲折を経て完成した窯は、カラフルなタイルやガラス玉や自作の鉄製扉によりゴージャスな印象だが、外観だけでなく内側の資材使いも興味深い。窯作りのきっかけとなったセラミックレンガを焼き室に使い、効率よくドーム形窯を作っている。そして耐火レンガを積んだ蓄熱層の外側には、空気層を挟んで断熱レンガ積みの断熱層を設置。

この断熱レンガ、気孔を多く含んで軽量だそうで、まさに窯の断熱層を作るなら注目したい資材。ホームセンターでの取り扱いはないが、ウェブショップなどで販売している模様。なお、水に弱いので防水措置は必須のようだ。

ウッドデッキの端に設置した窯。派手な化粧に見る人のテンションも上がる。わきには作業台兼バーベキュー炉を製作

写真◎谷瀬 弘
（製作中カットは除く）

耐火レンガを積んだ蓄熱層の上にはドーム形のセラミックレンガを設置。また蓄熱層の外側には断熱レンガを積んでいる

蓄熱層を断熱レンガで完全に覆い、ラス網を張ったところ。ここに防水モルタルを塗り、タイルを張った

タイルで化粧した窯の側面。実はイタリアの地図になっている。ガラス玉で描いた「Una pitzza deliziosa（美味しいピザ）」のメッセージも

自作の燃焼室扉。内側には5㎜厚のケイカル板を重ねて張り、保温力を高めている

土台を利用した収納スペース。キャスターつきのボックスに道具を収納

窯の構造図

＊単位は㎜

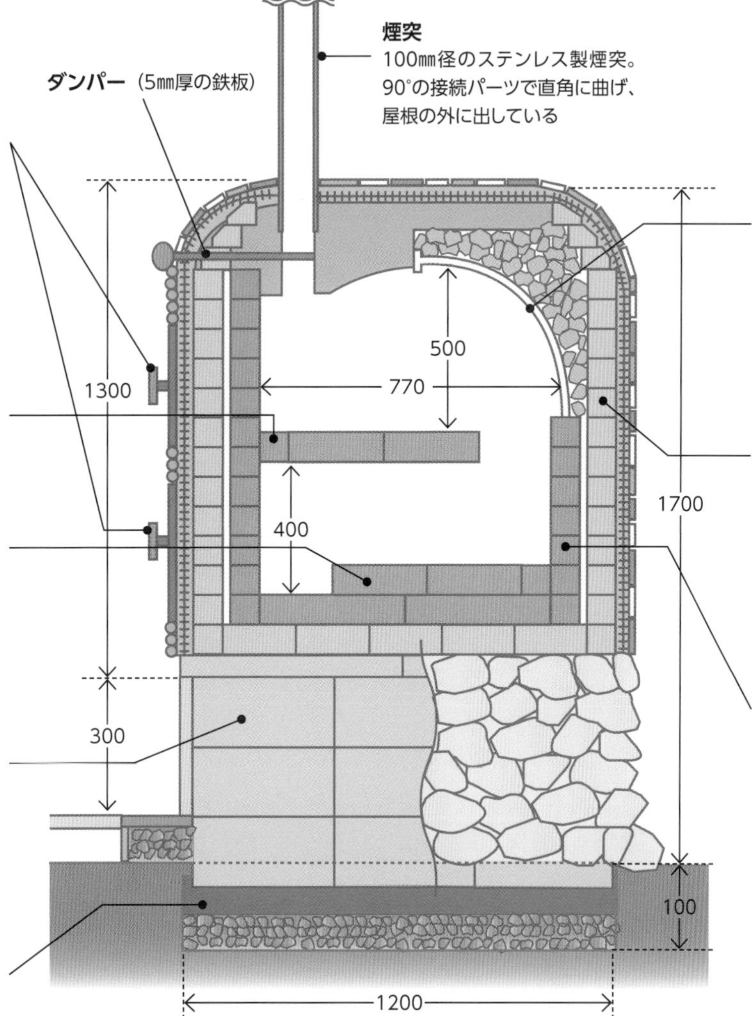

扉
5㎜厚の鉄板を加工して製作。燃焼室扉には開閉式の空気流入口、焼き室扉には温度計を取りつけている。サイズは燃焼室扉が幅600×高さ300㎜（最高部）、焼き室扉が幅600×高さ250㎜（最高部）

焼き床
大判の耐火レンガを3枚並べて固定

火床
土台のコンクリート平板の上に断熱レンガを並べ、その上に大判の耐火レンガを固定。さらに普通サイズの耐火レンガを積んだ、2段の火床となっている

土台
コンクリートブロックを3段積み、コンクリート平板を載せている。外側は割栗石で化粧。内側はピザ窯関連ツールの収納スペースとし、木製扉をつけている

基礎
地面を100㎜ほど掘り、砕石を約40㎜厚、バサモルを約50㎜厚で敷いている

ダンパー（5㎜厚の鉄板）

煙突
100㎜径のステンレス製煙突。90°の接続パーツで直角に曲げ、屋根の外に出している

ドーム
ドーム形のセラミックレンガ（重量120kg!）を耐火レンガ積みに載せて固定。セラミックレンガから延長するように耐火キャスタブルでドームを成形

外装・断熱層
蓄熱層から10㎜ほどすき間をあけて断熱レンガを積み、空気層と断熱レンガによる断熱層を製作。その上にラス網を張って防水モルタルを塗り、タイルとガラス玉で化粧

蓄熱層
耐火レンガを積んで製作

ガレージ内だから雨でもOK 焼き床が普通サイズレンガの窯

ガレージ内に出現したピザ窯コーナー。煙突もガレージ内に収まる

ピザ窯の上には屋根を作って雨に濡れないようにするのがベターだが、清水陽一さんの場合はガレージの中に窯を作ってしまったので、新たに屋根を作る必要はなし。それどころか雨の日でもピザパーティーを楽しめるスペースが生まれたというわけだ。

窯の横には収納つきの水場と調理台を併設し、使い勝手は上々。さらに窯の雰囲気に合わせて壁面を装飾し、とても居心地のいい空間に仕上げている。

窯の特徴は、焼き床（上層の床）を普通サイズの耐火レンガで作っていること。一見、レンガが浮いて並んでいるようだが、実は側面に渡した鉄アングルにレンガを載せている。レンガに切り込みを入れてアングルをはめることで、レンガがずれることなく、見た目もすっきりする。二層式窯を作るなら、大判の耐火レンガや大谷石を入手するか、耐火キャスタブルで板を自作するか……という制約を解いてくれるアイデアだ。

DATA

製作者	清水陽一さん（46歳／会社員／徳島県阿波市）
材料費	約4万円
製作日数	約3カ月
焼き室内部の形	アーチ形
アーチ	耐火レンガ
火床	ブリックヤードレンガ
焼き床	耐火レンガ、鉄アングル
外装・断熱層	なし
煙突	薪ストーブ用煙突
土台	コンクリートブロック、コンクリート平板

ピザ窯背面とガレージ壁の様子。既存のガレージ壁の合板と窯とのすき間を耐火モルタルでふさいでいる。取材時は外側の一部にコンクリートブロックを積んであり、その後きれいに仕上げる予定とのことだった

ピザ窯と壁が接する部分。壁を窯より40㎜ほど大きく切り抜き、壁と窯とのすき間を耐火モルタルでふさいでいる。内壁は白セメント仕上げ

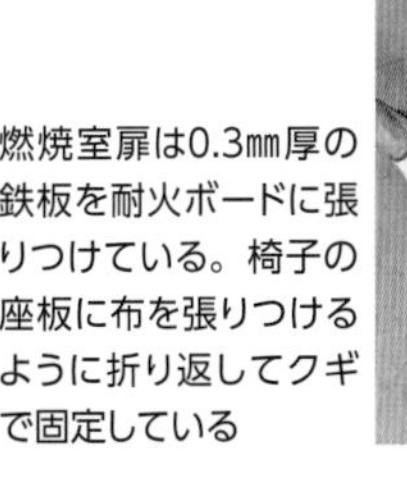

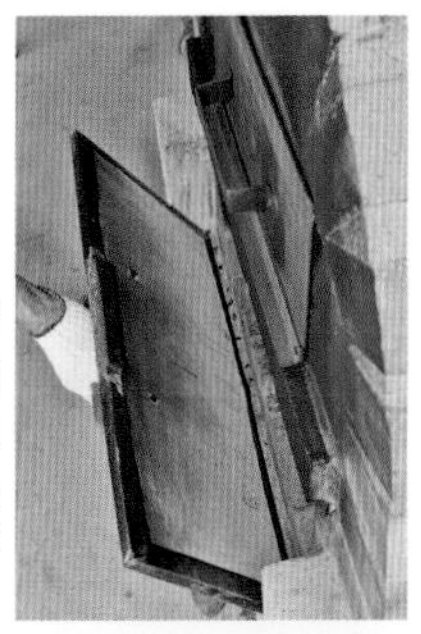

燃焼室扉は0.3㎜厚の鉄板を耐火ボードに張りつけている。椅子の座板に布を張りつけるように折り返してクギで固定している

ガーデンシンクのわきには折りたためるテーブルがつく。シンク本体はブロックを積み上げ、天板に2×6材、ボウルに鉢を使用

ダンパーは耐火レンガにステンレス板を取りつけて作ったオリジナル

窯の構造図

＊単位は㎜

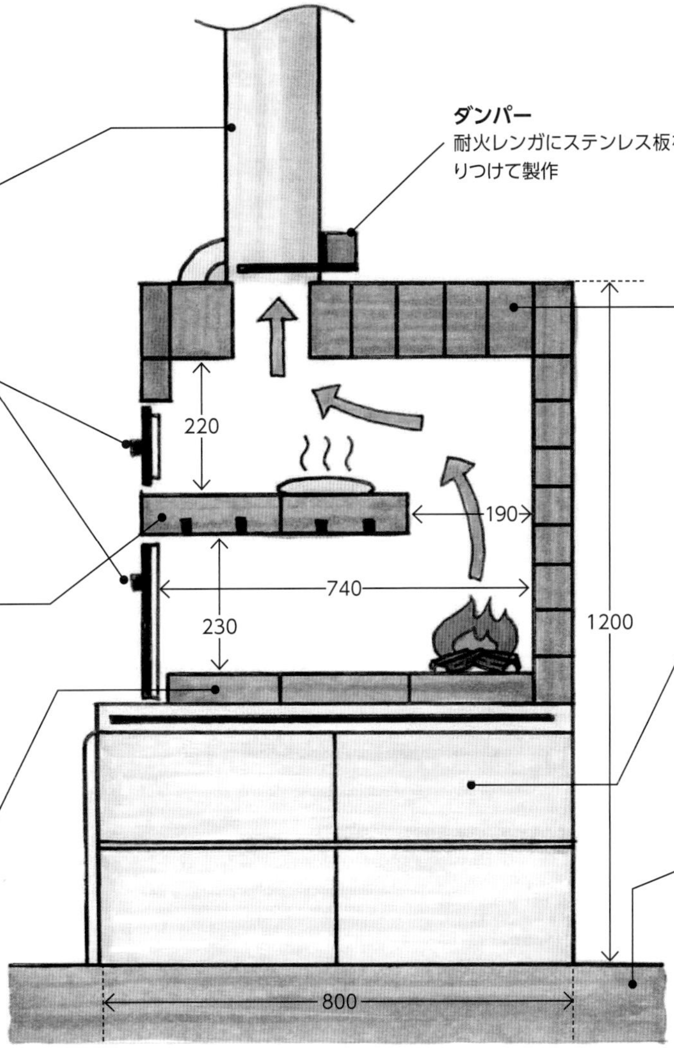

煙突
1mのステンレス製煙突。窯と接する部分は耐火モルタルで覆い、白モルタルで化粧

ダンパー
耐火レンガにステンレス板を取りつけて製作

アーチ
耐火レンガ（SK32相当）を使用

扉
焼き室扉（上）は30㎜厚の耐火ボードに2㎜厚の鉄板を張りつけたもの。燃焼室扉（下）は5㎜厚の耐火ボードに0.3㎜厚の鉄板を張りつけたもの

焼き床
鉄アングルの上に耐火レンガを並べている。耐火レンガは横向きに5個並べ、手前と奥の2列。1列につき、アングルを2本渡している

火床
ブリックヤードレンガを敷いて製作

土台
コンクリートブロック2段積みの上に、鉄筋入りの手作りコンクリート平板（45×800×800㎜）を載せている。表面は白セメントに耐火レンガの粉じんを混ぜアイボリーカラーにしたもので化粧

基礎
ガレージに既存のコンクリート床

220
190
740
230
1200
800

2種の耐火レンガによる二重構造 緻密でいて重厚感あふれる窯

焼き室に熱電対（温度センサー）を装備。薪に着火して1時間半～2時間で250度くらいに安定するそう。雨が流れやすいよう煙突と窯本体の上面に勾配をつけている

画一的な国産の耐火レンガを積んで二層式の窯を作り、その外側に、ひとつひとつ風合いが異なる耐火レンガ、フランスレンガを積んで仕上げることにした岡田真司さん。まず取りかかったのは綿密な設計図を描くこと。1カ月かけて図面を作成し、必要となるレンガの数やセメントの量を過不足なく算出できたそう。

レンガ積みの実作業では、メーカーが推奨する耐火レンガの目地厚（2～3㎜程度）にするために、自作のジグを使用。その甲斐あって、均一な目地幅で積み上げることができている。

また、焼き室、燃焼室それぞれの窯口上部のアーチは、合板で作った型とスペーサーを使い、設計図どおりに仕上げることに成功。終始、手間を惜しまずに緻密に進めることで、イメージしたものと違わない、重厚でいて美しい窯を作り上げている。

DATA

製作者	岡田真司さん（62歳／会社員／奈良県葛城市）
材料費	約22万円
製作日数	約60日
焼き室内部の形	アーチ形
アーチ	耐火レンガ
火床	耐火キャスタブル
焼き床	大判耐火レンガ
外装・断熱層	フランスレンガ
煙突	フランスレンガ
土台	なし

写真◎清水良太郎（製作中カットは除く）

燃焼室。耐火キャスタブルで製作した火床を、側面に突き出した耐火レンガに載せている。また側面に渡した鉄筋に鉄板を載せて、斜めの天井を製作。炎を焼き室に効率よく誘導しようと考えた構造

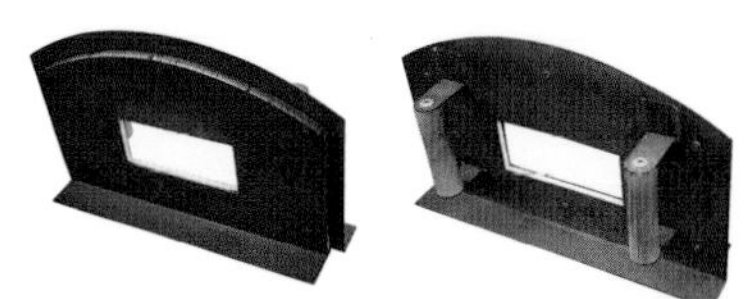
焼き室のフタ（右：表面、左：裏面）。図面を作成して、近所の鉄工所に加工を依頼。耐熱ガラスの窓でピザの焼け具合も確認できる

煙突の下部には耐火キャスタブルで自作したダンパーを装備。取っ手として取りつけた陶器の人形がかわいい

耐火レンガの目地の厚さを2.5㎜で統一するために、自作のジグを使用。ジグ上面がレンガ上面より2.5㎜高くなっており、ジグ上面に合わせて耐火モルタルを塗ると、2.5㎜厚の目地ができる仕組み

手早く温めたいときは焼き室に薪を入れ、業務用掃除機の送風モードで風を送って一気に燃やす

燃焼室窯口のアーチを製作する様子。合板で作った型を使って成形している。目地幅はスペーサーを挟んで調整し、耐火モルタルを流し込んだ

焼き室の天井は耐火レンガをアーチ形に並べている

窯の構造図

＊単位は㎜

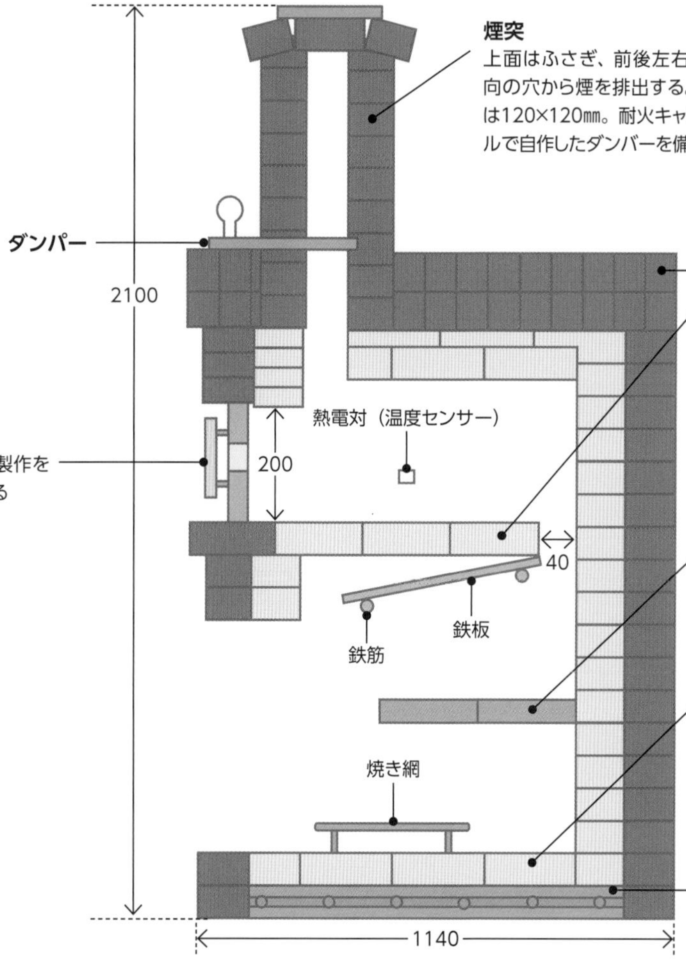

煙突
上面はふさぎ、前後左右の4方向の穴から煙を排出する。内寸は120×120㎜。耐火キャスタブルで自作したダンパーを備える

外装
耐火レンガの外側にフランスレンガを積んでいる

ダンパー

2100

焼き床
大判の耐火レンガを並べている。コストコで買える大きいピザも余裕で入れられる広さに設計。手早く温めたいときはここで薪を焚き、温まったら薪を火床に落とす

熱電対（温度センサー）

フタ
図面を作成して鉄工所に製作を依頼。耐熱ガラスを備える

200

40

火床（上段）
耐火キャスタブルで製作した板を中ほどの高さに渡している。取り外し可能

鉄板

鉄筋

火床（下段）
耐火レンガを並べている。熾き火などをここに落とし、バーベキューやダッチオーブン調理を行なう

焼き網

基礎
網状に組んだ鉄筋を入れ、コンクリートを54㎜厚で敷いている。

1140

古かまどを燃焼室に利用 焼き床が2段の小屋風窯

窯に密着させるかのように設置した屋根と壁は、雨などからの保護だけでなく、断熱効果ももたらしそうだ。基礎石は、100円ショップで買った鉢にコンクリートを流し込んで自作している

帰省した際、実家の軒下に使われなくなった古いかまどを発見した斉藤堅さんは、「これを火床にして二層式のピザ窯を作ろう」とひらめいた。

基礎を作り、その上にかまどを置いたら、それを覆うようにレンガを積んで窯を製作。焼き床には耐火キャスタブルで自作した板を使っているが、なんと2段式。そのため、あまり大きい窯ではないが、ピザ2枚を同時に焼いたり、上下で異なるメニューを調理したりできる。

また、なんといっても目を引くのが小屋風のデザイン。自作の基礎石に埋め込んだアルミ角パイプを柱とし、フレームを組んで、屋根にはトタン平板、壁にはコロニアルという屋根材を張っている。壁に描いた窓が雰囲気を高め、なんとも微笑ましい。せっかくの手作りの窯、遊び心をふんだんに発揮してみるのも面白いに違いない。

DATA

製作者	斉藤 堅さん（50歳／会社員／群馬県安中市）
材料費	約6万5000円
製作日数	約1カ月
焼き室内部の形	アーチ形
アーチ	フランスレンガ
火床	かまど
焼き床	耐火キャスタブル
外装・断熱層	トタン平板、コロニアル
煙突	耐火レンガ、薪ストーブ用煙突
土台	マレーシアレンガ、コンクリートブロック

写真◎佐藤弘樹（製作中カットは除く）／イラスト◎丸山孝広

背面の様子。壁に張ったコロニアルにマスキングして缶スプレーで塗装し、窓を描いている

耐火キャスタブルで作った焼き床は、突き出すように設置したレンガに載せている

焼き室扉は鉄板に金属製の鉢置台を接合。手軽な作業で凝ったデザインになるナイスアイデア

窯から立ち上がる耐火レンガ積みの煙突は、屋根から吊り下がるステンレス製の煙突とはつながっていない

燃焼室に利用した古いかまど

焼き床は2段。古い電子レンジのトレーを利用してピザを出し入れする。ピールは使わないそう

窯の構造図

＊単位は㎜／屋根は省略

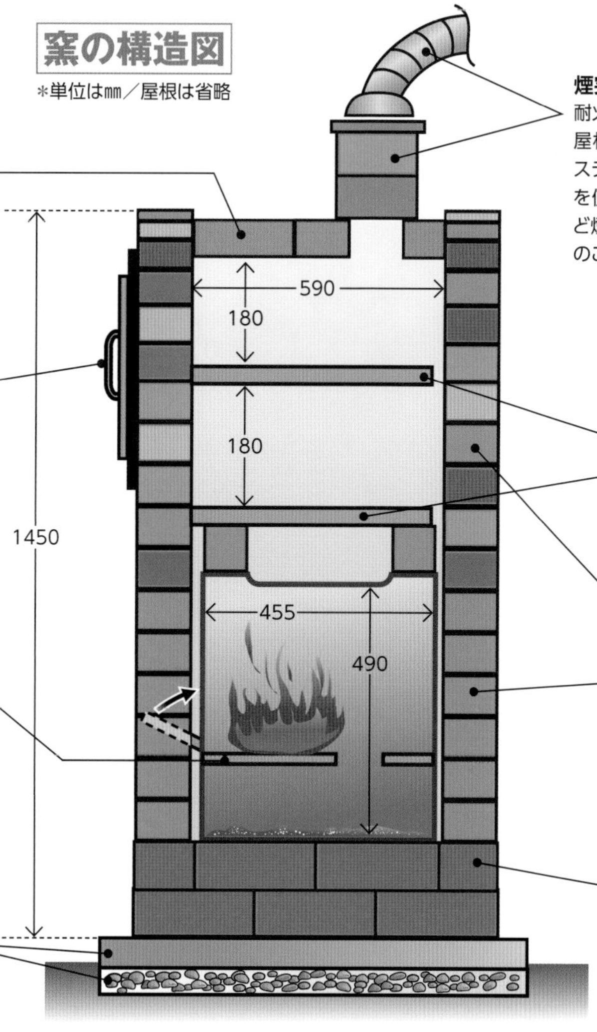

アーチ
フランスレンガで製作

煙突
耐火レンガを積んだ煙突の先に、屋根のフレームから吊り下げたステンレス製の煙突がある。炭を使うことが多いため、ほとんど煙が出ず、これで問題ないとのこと

590

180

180

1450

455

490

扉
焼き室扉は450㎜角の鉄板をディスクグラインダーでカットしたものを使用。金属製の鉢置台とアンティーク風の取っ手を取りつけて仕上げている

焼き床
2段構造。いずれも耐火キャスタブルで自作した板で、上が30㎜厚、下が50㎜厚

火床
火床（燃焼室）には一口型のかまどを利用。サイズは幅405×奥行455×高さ490㎜。かまど上部を火床とし、下部は落ちた灰を集めるスペースとしている

窯の壁面
かまどの周囲にはマレーシアレンガを積み、焼き室には耐火性能のあるフランスレンガを積んでいる

基礎
砕石を敷き、その上にコンクリートを75㎜厚で敷いている

土台
基礎のコンクリートの上にマレーシアレンガを2段積み、内側にはコンクリートブロックを1段設置。そのブロックの上に燃焼室となるかまどを設置した

ピザとスモークを同時に味わえる排熱と排煙で燻製する窯

アーチ形の窯を赤レンガで覆い、その上に燻製室を設けている。手前にあるコンクリートブロックに平板を載せたものは、燻製の食材を出し入れするときに使う踏み台

10年ほど前から燻製にはまり、ベーコンやハムなどを作ってきた松田泰昭さん。またアウトドアも大好きで、焚き火でピザを焼いて仲間とピザパーティーをすることもよくあったそう。そんなことを楽しんでいるうちに、燻製もできるピザ窯を作れないものかと考え始め、ついに実行。上部に燻製器がついたピザ窯を完成させた。

窯の蓄熱層は耐火レンガで作り、保温力を高めるために外側を赤レンガで覆っている。アーチ形の窯だが、その上にコンクリート平板を載せてフラットにし、赤レンガで燻製室を製作。近所にある、世界遺産にもなった赤レンガ作りの有名な教会に影響を受け、ぜひとも赤レンガで作りたかったのだとか。

燻製の仕組みは、窯の煙突が燻製室の中を通っており、ダンパーを開ければ熱と煙が燻製室に排出されるというもの。窯の火床が250度くらいのとき、焼き床は200度で、燻製室は80～100度と燻す適温になるそう。

DATA

製作者	松田泰昭さん（46歳／公務員／長崎県平戸市）
材料費	約10万円
製作日数	16日
焼き室内部の形	アーチ形
アーチ	耐火レンガ
火床	耐火レンガ
焼き床	耐火レンガ
外装・断熱層	赤レンガ
煙突	赤レンガ、コンクリート角筒
土台	コンクリートブロック、コンクリート平板

写真◎竹内美治（製作中カットは除く）／イラスト◎丸山孝広

耐火レンガを加工して作ったダンパー。右が閉じた状態で、左が燻製時の状態。鉄板を使ってほどよく開けている

3.2㎜厚と薄い鉄板を扉に使用したため、補強と密閉性の向上のためリブをつけている

天井に取り付けた丸棒にフックを掛け食材を吊るす

燻製室扉につけた温度計差込口には自転車の車輪の軸を使用

アーチ形のピザ窯ができたところ

窯の構造図

＊単位は㎜／屋根は省略

煙突
焼き室から垂直に立ち上がり、燻製室を通っている。赤レンガ積みとコンクリート角筒（立水栓用の部材）を組み合わせて製作。燻製室内の下部にダンパーがあり、燻製用の排熱と排煙をコントロールする。最上部の排煙口も側面にあり、屋根に熱が直接あたらないようにしている

燻製室扉
木枠を壁に固定し、1×4材で作った扉を蝶番で取りつけ。気密性を高めるため、板にサネ加工を施している

アーチ
普通サイズの耐火レンガを並べ耐火キャスタブルで固定

燃焼室&焼き室扉
鉄板に取っ手、蝶番を溶接して自作

火床
耐火レンガを並べている

土台
コンクリートブロックを2段積み、コンクリート平板を載せている

燻製室
床はコンクリート平板で、壁は赤レンガ積み。天井は、合板を少したわませて設置した上にワイヤーメッシュを載せ、モルタルなどを敷いている

外装
蓄熱層を赤レンガで覆っている。アーチと赤レンガとの間にできたすき間は、砂と砂利を詰め、上面にモルタルを敷いて平らにしている

焼き床
普通サイズの耐火レンガを鉄アングルの上に並べている。レンガにディスクグラインダーで溝を彫り、アングルをはめている。P92の清水さんのアイデアを参考にしたとのこと

基礎
地面を掘って砕石を敷き、その上にモルタルを敷いている

多重断熱が生んだフォルムと黒漆喰で超個性的な窯

黒いボディと首長竜のようなフォルムが印象的。窯の横には天板に大理石を使った調理台を併設している

バーベキューや芋煮会など野外パーティーを楽しむ機会が多い星金也さんは、自宅でもパーティーができるようにとピザ窯を作ることにした。

星さんが考えた構造は、P42に掲載するアーチ形窯のキットをアレンジした二層式。キットを組み立てて焼き室を作り、床の一部を開口して、下に燃焼室を設けるというアイデアだ。コンクリートブロックをコの字形に積み上げた土台にアーチ形の窯を載せ、土台の内側に焼き床を設置して、二層式の窯を作り上げた。

インパクトたっぷりのルックスは黒漆喰塗りとフォルムによるが、そのフォルムは多重断熱層により生まれたもの。キットの耐火レンガをまず耐火キャスタブルで覆ってアーチをがっちり固定してから、ロックウールという断熱材を張り、パーライトを混ぜたモルタルを塗りつけている。前方に取りつけた薪ストーブ用の煙突も同様に覆っていることもあり、このような独特のフォルムに仕上がっているというわけだ。

DATA

製作者	星 金也さん（46歳／会社員／宮城県仙台市）
材料費	約25万円
製作日数	約25日
焼き室内部の形	アーチ形
アーチ	耐火レンガ
火床	グレーチング
焼き床	耐火レンガ
外装・断熱層	耐火キャスタブル、ロックウール、パーライト入りモルタル、黒漆喰
煙突	薪ストーブ用煙突
土台	コンクリートブロック、コンクリート平板

写真◎那須川 薫（製作中カットは除く）／イラスト◎丸山孝弘

耐火キャスタブルの上にロックウールという断熱材を巻いたところ

焼き室にはアーチ形窯のキットを使用。煙突をつけるために前方に延長している

コンクリートブロックのフタに温度計を差し込んで、窯内部の温度を測る

ロックウールの上にパーライトを混ぜたモルタルを塗ったところ

耐火レンガを耐火キャスタブルで覆い、全体を固定している

火床にはグレーチングを使用。灰や燃えカスが下に落ちるので掃除しやすいそう

窯の構造図

＊単位は㎜

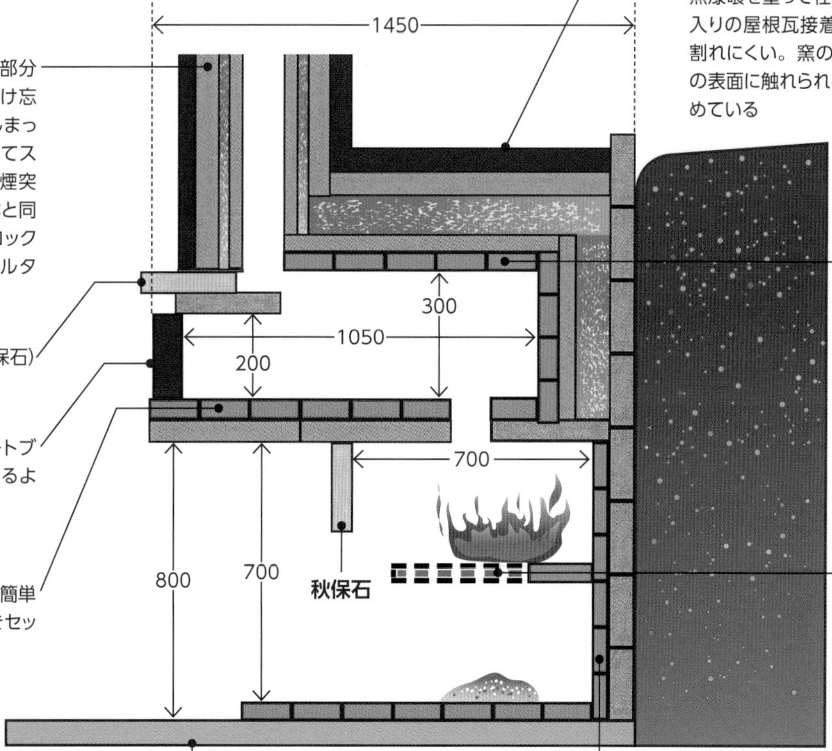

外装・断熱層
耐火キャスタブルに15㎜厚のロックウールを張り、パーライトを混ぜたモルタルを塗り、黒漆喰を塗って仕上げている。黒漆喰は樹脂入りの屋根瓦接着用を使用。撥水性があり、割れにくい。窯の内部が500度になっても窯の表面に触れられるほど、熱をしっかり閉じ込めている

煙突
元々はアーチ形窯のキット部分につける予定だったが、つけ忘れたままアーチを組んでしまったため、前方に窯を延長してステンレス製の薪ストーブ用煙突を取りつけている。窯本体と同様に耐火キャスタブル、ロックウール、パーライト入りモルタル、黒漆喰で覆っている

アーチ
扇形の耐火レンガを並べ（P42掲載の「簡単アーチ石窯君L型3連床付きセット」を使用）、耐火キャスタブルで覆って固定している

ダンパー（秋保石）

フタ
黒漆喰を塗ったコンクリートブロック。温度計を差し込めるように切り欠いている

焼き床
耐火レンガを並べている（「簡単アーチ石窯君L型3連床付きセット」を使用）

火床
土台の側面にグレーチング（金属製の格子状の溝蓋）を渡している。前方に秋保石という保温性がある石をつけてフタとしている

基礎
地面を掘って砕石を敷き、その上にコンクリートを敷いている

土台
コンクリートブロックをコの字形に積み、コンクリート平板を載せている。内側には半平レンガを張っている

耐火レンガと大判大谷石で作ったベーシックなスクエア形窯

DATA

製作者	杉野成也さん（52歳／会社員／熊本県玉名郡）
材料費	約11万円
製作日数	約12日
焼き室内部の形	スクエア形
天井	大判大谷石
火床	耐火レンガ
焼き床	大判大谷石
外装・断熱層	なし
煙突	薪ストーブ用煙突
土台	コンクリートブロック、コンクリート平板

庭にバーベキュー炉を作り、長年にわたり家族や仲間とガーデンパーティーを楽しんできた杉野成也さん。そのバーベキュー炉を作り直そうと計画した際、せっかくだからピザ窯つきにバージョンアップしようと思い立った。

杉野さんが製作したのは耐火レンガを積み上げ、焼き室の床と天井に大判の大谷石を渡すベーシックな二層式スクエア形窯。横にはバーベキュー炉を作り、同時にいろいろなメニューを楽しめるガーデンキッチンに仕立てている。

凝っているのは焼き室のフタ。耐火キャスタブルを型枠に流し込んで自作したものだが、取っ手や窓（調理容器のガラス蓋）を仕込み、表面には海で拾ったビーチグラスやタイルを埋めて装飾し、個性的で使いやすいフタに仕上げている。

また、煙突は使用時のみ長く伸ばし、普段は短くして台風などの強風に備えているところにも注目したい。

老朽化したバーベキュー炉を取り壊し、ピザ窯&バーベキュー炉のガーデンキッチンコーナーに。バーベキュー炉の周りに人が立てるように屋根勾配を考えている

イラスト◎丸山孝広

ピザ窯使用時のみ煙突を継ぎ足して長くする。屋根の開口部に耐熱パテを土手のように盛ってある

焼き室フタの製作中の様子。型枠に耐火キャスタブルを流し込む前に、細いワイヤーメッシュ、窓用のガラス蓋、取っ手を仕込んでいる

焼き室は床、天井ともに大判の大谷石を使用。これは天井部分。右下の切り欠いたところから煙が抜け、煙突に昇っていく

ピザ窯を使用しないときは煙突を短くしておく。自作のスカートと耐熱パテで雨の侵入を防ぐ

ビーチグラスやタイルで装飾した焼き室フタ

焼き床で薪を焚く場合は、ステンレス製の架台にピザを載せて焼く

窯の構造図

＊単位は㎜／屋根は省略

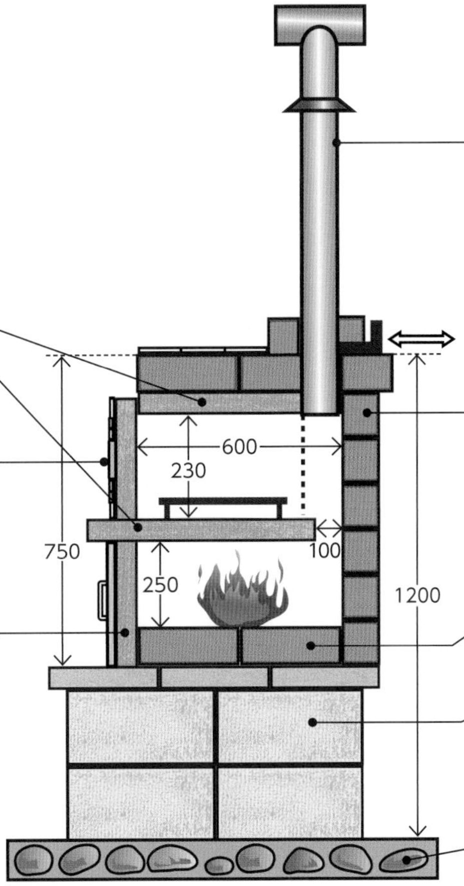

煙突
100㎜径のステンレス製。屋根の開口部には耐熱パテで土手を作り、煙突には自作のスカートを取りつけて、防水対策をしている。ダンパーもステンレス製

天井・焼き床
大判の大谷石を渡している。単層式のように焼き床で薪を焚くこともあり、その場合はステンレス製の架台にピザを載せる

焼き室フタ
耐火キャスタブルを型枠に流し込み製作。細いワイヤーメッシュ、窓用のガラス蓋、取っ手を仕込み、表面はビーチグラスやタイルで装飾している

燃焼室フタ
耐火キャスタブルを型枠に流し込み製作。表面はタイルで化粧し、取っ手を取りつけている

窯全体の壁面
耐火キャスタブルを目地にして耐火レンガを積んでいる

火床
耐火レンガを並べている

土台
コンクリートブロックを2段積み、コンクリート平板を載せている。内側は薪などの収納スペース

基礎
既存の自然石敷きをコンクリートで平らに整えている

column

設置も解体もあっという間

かんたん二層式窯の作り方

ここで紹介するのは、東日本大震災の被災地支援イベントのために考案された二層式窯。設計のテーマは、1日限りのイベントのため、設置も解体も手早くできること。そして、なるべく早くピザを焼ける温度に達するよう、最小限のサイズにすることだ。

赤レンガを積み、透水平板を渡して焼き床とし、花壇用石材を載せて作るアーチ形の窯は、高温下での耐久性は低く、常設の窯としては能力不足だが、限られた使用時間なら十分なパフォーマンスを発揮。実際に被災地支援イベントでは、この窯2台を含む3台の窯で120枚のピザを焼き上げるという偉業を成し遂げた。

というわけで突発的なガーデンパーティーや町内会のイベント、キャンプなどにも適したかんたん二層式窯の作り方をご覧いただきたい。ピザ窯を作りたいけど自信がないという人には、「こんな窯でもピザは焼けるんだ」と勇気を与えることだろう。

下段で薪を燃やし、上段には端材で適当に作ったフタをはめて窯に熱を蓄える

1時間ほどかけて窯を温めてピザを入れると、2〜3分で焼き上がる

かんたん二層式窯の作り方

側面から背面にかけて、このようにレンガを並べ、下段と上段の間を適度に開口する

側面に赤レンガを積み、60×300×450㎜の透水平板を載せる

水をかけるだけで固まる雑草防止用の土に、水を加えて練る

透水平板の両端にレンガを載せ、その上に花壇用の石材を載せる。曲線タイプの石材を倒して使い、アーチ型にする

レンガと固まる土で背面のすき間やアーチのすき間を埋める

はみ出た固まる土を水を含ませたスポンジなどで拭って完成

Part 5

Way of outdoor oven using

ピザ窯・パン窯の使い方とレシピ

見事に窯を手作りすることができたら、
いよいよ念願の窯焼きピザやパンはもちろん、
さまざまな窯料理を味わおう。
窯の可能性は無限大だから、それぞれのユーザーが
オリジナルの楽しみ方を見つけてほしい。
その取っかかりとして、基本的な使い方とレシピを紹介しよう。

窯を使いこなすためのアイテム

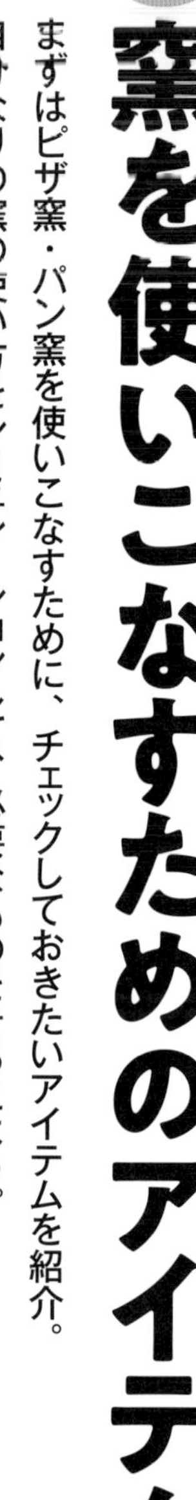

まずはピザ窯・パン窯を使いこなすために、チェックしておきたいアイテムを紹介。自分なりの窯の使い方をシミュレーションして、必要なものをそろえよう。

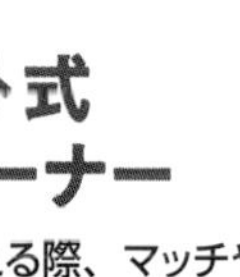

カセット式ガスバーナー

窯に火を入れる際、マッチやライターを使ってもいいが、カセットボンベ式のガスバーナーを使えば容易に火を熾こせる

革手袋

火力を調節するときや調理時は、高温状態の窯に手を入れることになるので、やけど防止のために手袋を用意しておきたい。キッチン用品の鍋つかみや軍手など布製のものは燃えてしまうおそれがあるので、耐火性がある革製のものを使用すること

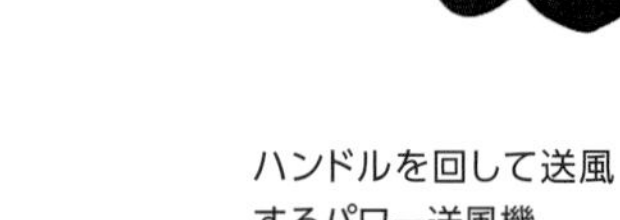

ハンドルを回して送風するパワー送風機

フイゴタイプの送風機

送風機

火力を上げたり、火をまんべんなく行き渡らせて薪が安定して燃えるようにするために使う。フイゴタイプや、ハンドルを回すタイプなどがある。うちわやドライヤーを使ってもいい

温度計

ピザを焼くときの窯内は300度以上の高温になるが、ほかの調理で必要な温度は250度以下の場合も多く、300度まで測れるオーブン用の温度計があればいろいろと使えるだろう。近年ユーザーが増えている赤外線放射温度計は、知りたい部分の温度をピンポイントで測れてとても便利

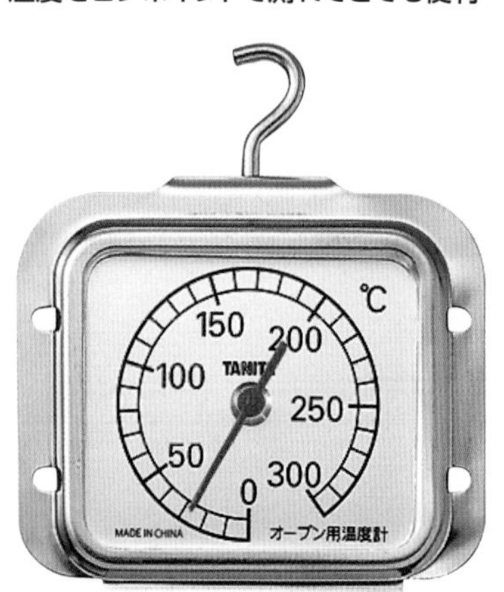

オーブン用温度計

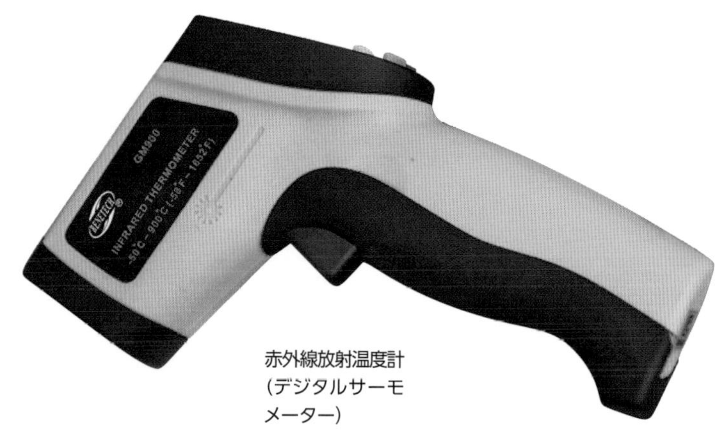

赤外線放射温度計（デジタルサーモメーター）

ブラシ

細かい灰をかき出したり、焼き床を掃除するのに便利

先端がフックのようになっているタイプ

先端がヘラのようになっているタイプ。スクレーパーと呼ばれる

火かき棒

窯の中で燃えている薪を動かしたり、熾き火を端に寄せたり、食材を載せた鉄板などを引き出すときに使う。先端がフックのような形になっているタイプや、ヘラのようになっているタイプなどがある

火ばさみ

窯の中で燃えている薪をつかんで動かし、火加減をコントロールするために使用する。窯の奥にある薪を動かすことがあるので、長さがあるものを選んだほうが無難

ピール

パーレやパーラなどと呼ばれることもある。ピザを焼き床に置いたり、取り出したりするときに使う。高さが150㎝程度の窯では、柄の長さが100㎝程度あると使いやすい。ステンレス板やアルミ板と丸棒などを使って自作するケースも多い（P143参照）

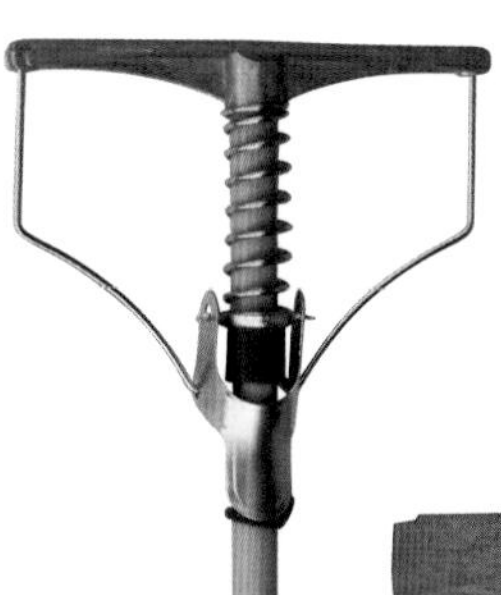

モップ

ピザなどを焼く際に、焼き床をきれいにするために、モップ糸（雑巾）を濡らして使う。長い時間ではないが、高温になった窯の中に入れるので、できれば耐火性のある材質が望ましい。火ばさみで濡れ雑巾をつかんで代用することもできる

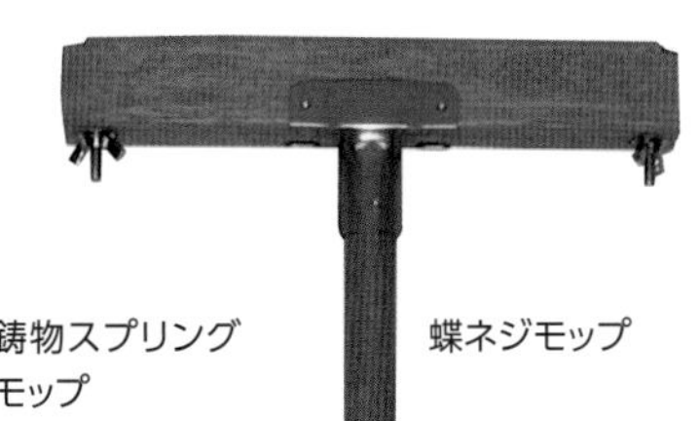

鋳物スプリングモップ

蝶ネジモップ

霧吹き

パンを窯に入れる直前に焼き床に水を吹きつけると、水蒸気が発生しておいしく仕上がる

ダッチオーブン

フタの上に炭火が載るように作られた分厚い金属製の鍋。高温になる窯では鋳鉄製のものが使用可能。煮込み料理、炊き込みご飯、ケーキなど、さまざまな料理が楽しめる。購入する前に、窯口に通るサイズのものか確認しておこう

スキレット

キッシュやパエリアなどを作るのに適している。フタがない場合は、アルミホイルをフタ変わりに使ってもいい。ダッチオーブンと同様に、鋳鉄製のものを使いたい

オーブン用天板

塩窯焼きなど比較的大きな素材を使った豪快なオーブン料理や、クッキーなどのお菓子作りに使える。使用する際は、クッキングシートやアルミホイルを敷こう。使用前に耐熱温度を確認するのも忘れずに

アルミホイル

アルミホイル、焼き網

ピザやパンを焼くときに、裏側だけ焦がしてしまったり、生地が焼き床にへばりついて取れなくなってしまったりという失敗はありがち。また、とくに単層式窯では灰などが生地についてしまうこともある。それらを避けるために、アルミホイルやバーベキュー用の網に生地を載せて窯に入れるケースも少なくない

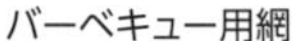

バーベキュー用網

ちりとり

窯からかき出した灰や熾き火を受けるために使用する。箱型の鉄製のものがベターだが、プラスチックやゴムなど火に弱い素材が使われていなければ、一般的な形のものでもよい

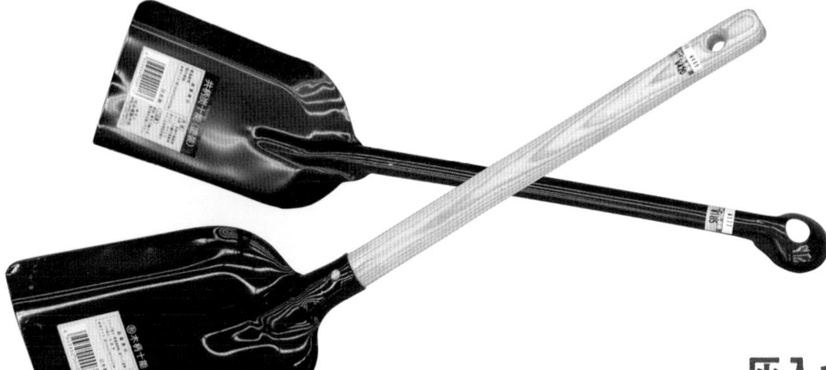

灰用スコップ

窯から灰を取り出すためのスコップ。先端が平らになっており使いやすい

灰入れバケツ

灰や熾き火を入れるバケツ。高温のものを入れるので、鉄製である必要がある。薪ストーブ用の灰入れバケツがベター

窯の基本的な使い方

薪を燃やして窯に十分な熱を蓄え、食材を入れて調理するというのがピザ窯・パン窯の基本。その流れをあらかじめチェックしておこう。使い慣れるにしたがって自己流にアレンジしてもいい。

01

はじめての火入れ

窯にはじめて火を入れるときは、小さい火を焚くのが望ましい。半日ほどかけて100度くらいを目安に窯を温め、レンガや目地などの水分をゆっくり蒸発させるわけだ。いきなりガンガン薪を燃やすと目地のヒビ割れが起きやすくなる

02

薪を用意する

窯を温めるために燃やす薪を用意する。薪の量は調理するものの量や窯の性能にもよるので一概にはいえないが、自分で感覚をつかむまではかなり余裕を持って用意するのがおすすめ。また燃焼効率を高めるために、よく乾いた薪であることが欠かせない。焚きつけとしてスギの葉や小枝、火力が一気に上がる針葉樹、長く燃え続ける広葉樹と、3種類の薪があれば理想的

03

着火する

小枝などを窯に入れ、火をつける。P106で紹介しているカセットボンベ式のガスバーナーがあると火をつけやすい

04

薪を追加する

針葉樹の薪を入れて火力を上げておき、空気の流れをふさがない程度に広葉樹の薪を入れる。広葉樹に火がつけば、火持ちがいいのでひと安心。その後も火力を見ながら、適宜薪を追加する

05

スス切れを待つ

薪を燃やすと窯の内部がススで真っ黒になるが、燃やし続けて高温（300〜400度）になると、次第にススが焼き切れて窯の色に戻り始める。これが「スス切れ」と呼ばれる現象で、ピザが焼ける温度になったと判断する目安となる。スス切れに至るまでの所要時間は、薪の燃やし方、窯の性能、外気温などによるが、早ければ1時間ほど、遅ければ数時間かかる。ピザ以外のものを調理するときは、温度計で確認しながら適温になるのを待つ

06

焼き床をきれいにする

窯が適温になったら、食材を入れる前に焼き床をきれいにする。とくに焼き床が火床を兼ねる単層式では、薪を周囲に寄せて、焼き場所に残った灰を濡らしたモップなどで拭う必要がある

07

食材を入れる

いよいよ食材を焼き室に入れる。十分に高温になった窯にピザを入れた場合、約1分焼いたところでピザを半回転し、さらに30秒〜1分焼けば、ムラなく焼ける。パンや、そのほかのオーブン料理では、食材を入れてから窯口を閉じて待つ

ピザ生地の作り方

ピザ生地の作り方はいろいろあるので、こだわり派はじっくり研究してみると面白いだろう。ここでは強力粉1：薄力粉1で配合したスタンダードな生地の作り方を紹介しよう。

成形前の生地作り

01 水とドライイーストを混ぜる。今回は予備発酵が不要なインスタントタイプのドライイーストを使用。寒い時期は40度くらいのぬるま湯を使って発酵を促す

02 強力粉、薄力粉、塩、砂糖をボウルに入れて混ぜ、ドライイーストを溶いた水を入れる

03 手でよくこねる

04 ひとかたまりになってきたところでオリーブオイルを入れ、再びこねる

05 表面がなめらかになったら丸めてボウルに置き、ラップをかけて暖かい場所で発酵させる。気温にもよるが目安は1～2時間程度

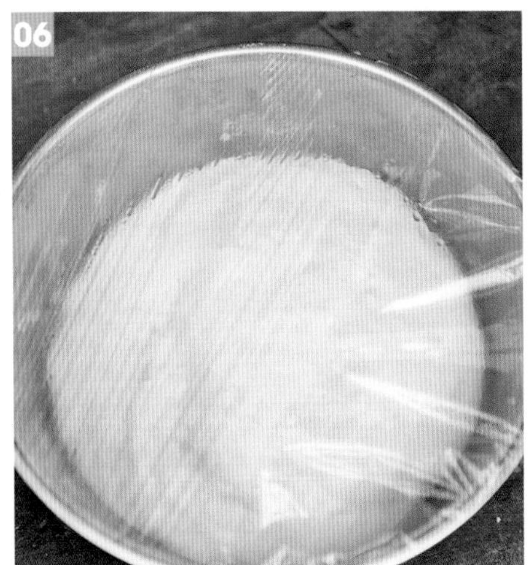

06 生地が2倍ほどに膨らんだら発酵完了

使用材料（※2～3人分）

強力粉	100g
薄力粉	100g
砂糖	小さじ1
塩	3g
オリーブオイル	少量
ドライイースト	3g
水またはぬるま湯	100～120cc

ミラノ風生地の成形

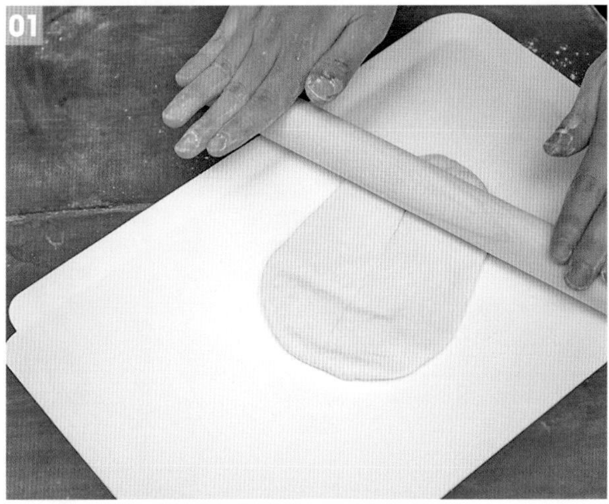

ナポリ風と同様の手順で1枚分に切り分けてから、麺棒を使って外に向かって押し広げる

1回麺棒を転がすたびに生地を回していき、薄く伸ばす

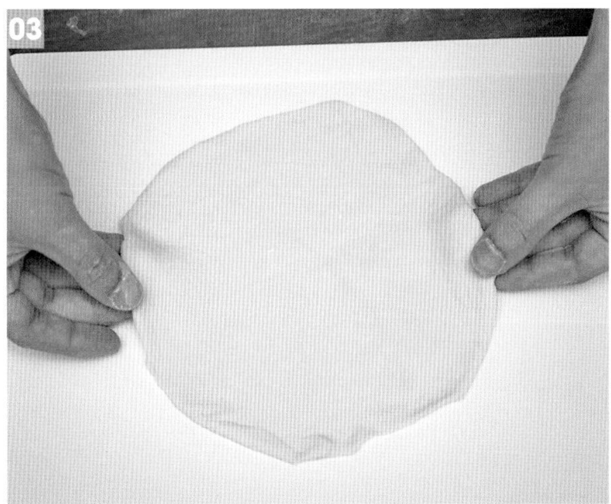

全体が均一の厚さできれいな円形になったら完成

ナポリ風生地の成形

発酵した生地を軽く押しつぶしてガス抜きしてから、1枚分に切り分けて丸める。作業台には打ち粉をしておく

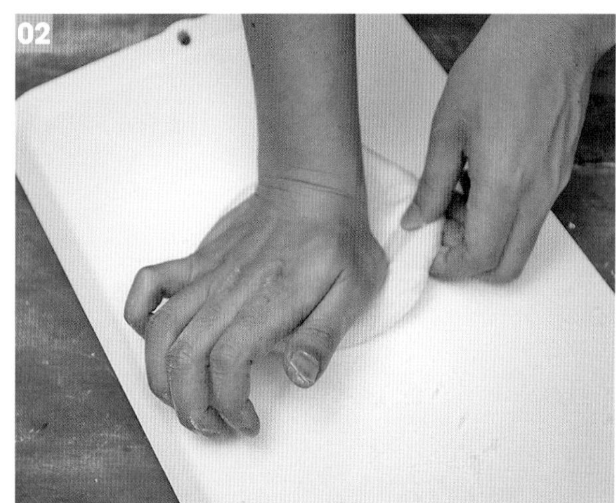

手のひらで中心から外に向かって押し広げる

縁は厚くしておく。中心が薄く縁が厚いのがナポリ風。きれいに形を整えたら完成

定番ピザのレシピ4選

ピザ作りの楽しみはトッピングを考えること。身近にある食材をいかしたり、見たことのないスペシャルピザを作ったり。自由なピザ作りはそれぞれで楽しんでいただくとして、ここでは定番ピザのレシピを押さえておこう。（窯の適温300〜500度）

窯焼きピザのおいしさがダイレクトに味わえる

マルゲリータ

イタリア国旗の緑・白・赤を表現したとされる、ナポリピザの代表的種類のひとつ。モッツァレラチーズは厚さ5㎜以上にすると、独特の食感と糸引きを楽しめる。バジルは焦げないよう、焼いている途中または焼いたあとに載せるのがおすすめ。

材料

材料	分量
トマトソース	適量
モッツァレラ	約100g
バジルの葉	約5枚
オリーブオイル	適量

4種のチーズ+ハチミツが織りなすハーモニー

クワトロフォルマッジ

風味が異なる4種類のチーズをふんだんにちりばめた贅沢なピザ。下記のチーズを使うのが一般的とされているが、もちろんお好みのチーズでOK。モッツァレラなど塩気が弱いものは多め、ゴルゴンゾーラなど塩気が強いものは少なめに盛るのがポイント。ハチミツは焼き上がったあとにお好みで。

材料

材料	分量
ゴルゴンゾーラ	少量
モッツァレラ	約50g
パルミジャーノ・レッジャーノ	適量
タレッジョ	適量
ハチミツ	適量

たっぷりのニンニクが食欲をそそる
マリナーラ

いっさいチーズを使ってないのが特徴のピザ。具は輪切りにしたオリーブ、スライスしたニンニク、プチトマトとシンプルだが、飽きがこなくて食べやすい。

材料

トマトソース……適量
ニンニク……2片
オリーブ……約8個
プチトマト……約6個
オレガノ……適量
オリーブオイル……適量

ピザパーティーのシメにも最適
ドルチェピザ

くし形に切ったリンゴとパイナップルを並べ、ブルーベリーをちりばめたデザート系ピザ。焼くと甘さが増す果物を選ぶと相性がいい。ソース代わりに使うチーズは混ぜやすくするため2種類使用。焼き上がったあとにグラニュー糖をかけているが、シナモンやハチミツもおすすめ。

材料

クリームチーズ……50g
マスカルポーネ……50g
リンゴ……1/4個
パイナップル（輪切り）……5切れ
ブルーベリー……適量
グラニュー糖……適量

おすすめ窯料理のレシピ集

窯で作れるメニューはピザとパンだけではない。そのポテンシャルを最大限に引き出せば、楽しみはさらに広がるはずだ。ここでは窯料理の一例として、肉、魚、野菜、米が主役の各種料理からデザートまで、13種のレシピを紹介しよう。

調理手順3

調理手順4

調理手順5

ローストビーフ

roast beef

高温になりやすい窯での調理なので、180～200度で短時間ローストし、肉の中心温度が上がったらあとは余熱で加熱する。肉の中心温度は鉄串で測ることもできる。鉄串を刺し、唇にあてて少し熱いと感じたら適温だ。なお、ソース作りの香味野菜は濾して捨てるのが一般的だが、もったいないので今回はそのまま利用することにした。（適温180～200度）

材料（4人分）

	材料	分量
	牛モモブロック	400g
	ニンニク	1片
	塩	適量
	コショウ	適量
	オリーブオイル	適量
A	ニンジン	1本
A	タマネギ	1個
A	セロリ	1本
B	赤ワイン	適量
B	フォンドボー	適量
B	ハチミツ	少々

調理手順

1. 肉の太さが均一になるようにタコ糸でしばり、包丁で数カ所に穴をあけて適当なサイズに切ったニンニクを埋める
2. 肉に塩、コショウをすり込む。ざく切りにした香味野菜Aと肉を一緒にバットなどに入れ、ラップをかけて冷蔵庫でひと晩おく
3. 肉を常温に戻したら、ダッチオーブンにオリーブオイルを敷き、コンロで表面に焦げ目がつく程度焼く
4. ダッチオーブンに香味野菜を敷き、その上に肉を置いてフタをして窯に入れる。200度で20分ほどロースト
5. 肉の中心温度が52～56度になっていたら窯から取り出し、余熱で温める（10分程度）
6. 肉と香味野菜を取り出し、ダッチオーブン内の肉汁、みじん切りにした香味野菜にBを加え、煮詰めてソースを作る

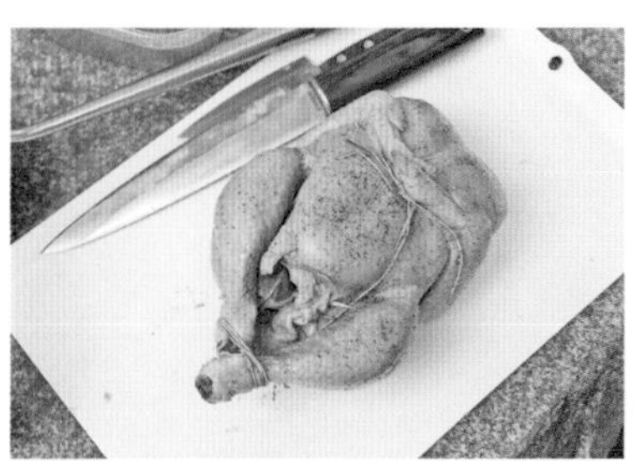
調理手順2

調理手順3

調理手順5

ローストチキン

roast chicken

鶏肉をまるまる1羽使い、ダッチオーブンで蒸し焼きにする豪快な料理。丸鶏は大型スーパーや精肉専門店で買うことができる（店によっては事前注文が必要）。肉をジューシーに仕上げるコツは、あまり焼き過ぎないようにすること。（適温200～250度）

材料（4人分）

丸鶏	1羽（約1kg）
ニンニク	1片
塩	適量
コショウ	適量
レモン汁	適量
オリーブオイル	適量
セロリ	1/2本
ハーブ（タイムなど）	適量
ニンジン	1/2本
ジャガイモ	2個
タマネギ	2個

調理手順

1 中抜きした（内臓を抜いた）鶏肉の中と表面にレモン汁、塩、コショウを擦り込む

2 鶏肉の中にセロリ、ハーブ、ニンニク（半量）を詰め、こぼれないように竹串を刺して口を閉める。タコ糸で手羽を固定し、ラップをかけて冷蔵庫でひと晩おく

3 ダッチオーブンでオリーブオイルとニンニク（半量）を熱して丸鶏を入れ、肉の表面を軽く焼く

4 焦げつきを防止するためダッチオーブンの中に網を敷き、中心に丸鶏を置いたら、大きめに切ったニンジン、ジャガイモ、タマネギを周りに敷き詰める

5 ダッチオーブンのフタをして窯に入れる。250度で50分ほどローストする。表面にほどよく色がつき、竹串などを刺して肉汁が透明だったら完成

調理手順3

調理手順5

調理手順6

貝たっぷり和風パエリア

paella

スペイン・バレンシア発祥の炊き込みご飯。ここでは10インチのスキレットで作る。エビの頭には旨みが詰まっているうえ、見た目の豪華さもあるので頭つきを使うのがおすすめ。だし汁にはコンソメ、具材はイカ、パプリカ、鶏肉を使うなど、好きなようにアレンジしてもいい。（適温250～300度）

材料（約3人分）

米	2合
和風だしの素	適量
サフラン	少々
エビ	5尾
アサリ	約200g
サザエ	2個
ホタテ	2個
インゲンマメ	10個ほど
ニンニク	1/2片
タマネギ	1/2個
オリーブオイル	適量
トマトソース	適量
水	約500cc
酒	適量

調理手順

1 ホタテとサザエは酒蒸しして身を取り出し、適当なサイズに切る。アサリは砂抜き後に分量の水で茹で、貝が開いたら取り出す

2 アサリの茹で汁にサフランを入れて色づけし、和風だしの素を加えたらスープの完成

3 スキレットでインゲンマメ、脚と背わたを取ったエビをオリーブオイルで炒め、いったん取り出す

4 スライスしたニンニク、みじん切りしたタマネギをしんなりするまで炒める。トマトソース、生米を加え、米が透明になるまで炒める

5 手順2で作ったスープを入れて少し煮込む

6 具材をすべて載せ、スキレットのフタをして窯に入れる。300度で15分ほど炊き、10分蒸らす

7 米に芯が残っていなければ完成。お好みでレモンを添えてもOK

調理手順2

調理手順3

ごろごろ野菜のポトフ

pot-au-feu

野外で作る定番のスープ料理といえばコレ。窯とダッチオーブンの組み合わせなら、ウインナーや野菜といった素材の味が染み込んだ極上のポトフが短時間で作れる。具材を入れて煮込むだけなので失敗することがほとんどないのも魅力だ。窯の温度が低かったら、煮る時間を長めにとってじっくり調理すればOK。（適温200～300度）

材料（4人分）

ウインナー	16本
ローリエ	3枚
キャベツ	1/2個
ニンジン	1本
ジャガイモ	2個
ニンニク	1片
オリーブオイル	適量
コンソメの素	2.5個
水	約500cc
塩	適量
コショウ	適量

調理手順

1 ダッチオーブンをコンロにかけ、オリーブオイルとスライスしたニンニクを炒める

2 ウインナーと、ざっくりと切った野菜、ローリエを入れる

3 ひたひたにならない程度まで水を入れたらコンソメの素を加え、ダッチオーブンのフタをして窯に入れる

4 300度で20分程度煮たら、取り出して10分程度おく（余熱で温める）。塩とコショウで味を調える

調理手順3

調理手順5

調理手順6

具だくさん釜飯

kamameshi

駅弁の陶器製容器を利用した1人前サイズの簡単釜飯。今回の具材は編集スタッフの好みで決めたが、好きなものを入れて自由にアレンジしよう。下記のもの以外では鶏肉やウズラの卵を使うのが定番。（適温250〜350度）

材料（1人分）

材料	分量
米	1合
アサリ	ひとつかみ（約100g）
タケノコの水煮	1/4個（約75g）
ゴボウ	1/4本
シイタケ	2個
醤油	適量
酒	少々
和風だしの素	適量
水	約200cc

調理手順

1 適当なサイズに切ったタケノコの水煮、ゴボウ、シイタケを醤油と酒で炒める

2 茹でたあと殻をむいたアサリを加え、軽く炒める

3 和風だしの素を溶いた水（約200cc）を入れ、ひと煮立ちさせる

4 陶器製の器に研いだ米と具材の煮汁を入れる

5 器ごと窯に入れ、米を炊く。時間は350度なら約20分

6 取り出したら具材を入れ、フタをして10〜15分蒸らす

調理手順4

調理手順5

調理手順5

ヤマメの塩窯焼き

shiogama roast

新鮮な魚を、卵白を混ぜた塩で包んで蒸し焼きにするパーティーレシピ。使う魚はタイが有名だが、ここでは編集スタッフが釣ってきたヤマメを使っている。腹に詰めるハーブは下記以外にタイムやバジル、または昆布やネギ、ショウガを使って和風にするのもいい。食べる際はオリーブオイルやレモンをお好みで。（適温250~400度）

材料

ヤマメ（大）……………1尾
塩……………………約500g
卵白…………………3個
ローズマリー…………適量
イタリアンパセリ………適量

調理手順

1 魚の内臓を取り、洗ったらキッチンペーパーなどで水気を取る

2 魚の腹に軽く塩を振り、ハーブ類を詰める

3 塩と卵白を混ぜ、耐熱皿やスキレットなどに敷く（このときアルミホイルなどを敷くと、耐熱皿などにこびりつかない）

4 その上に魚を置き、魚全体が隠れるように卵白を混ぜた塩で包む

5 窯に入れる。塩釜の表面が少しこげるくらいまで焼く。400度なら20分が目安。もう少し低い温度でじっくり焼いてもいい。焼き上がったら塩窯をハンマーで叩く

調理手順4

調理手順5

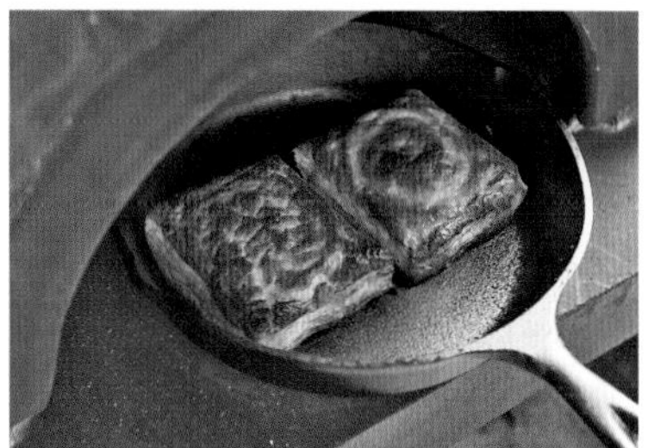
調理手順6

ミートパイ

meat pie

サクサクのパイに仕上げるには入れる具材の水分をなるべく飛ばしておくのが大切。また、焼くときにしっかりと温度を上げること（200度以上）が大切だが、窯なら容易にクリアできる。パイ生地は一から作るのではなく、冷凍のパイシートを使えば失敗の可能性が少なく、手軽でおいしく作れるのでおすすめ。（適温220～280度）

材料（2個分）

合挽き肉……100g
タマネギ……1/4個
ニンジン……1/3本
ケチャップ……適量
ウスターソース……適量
塩……少々
コショウ……少々
オリーブオイル……適量
パイシート……2枚（約200g）
A 卵黄……2個
A 水または牛乳……少々

調理手順

1 合挽き肉に、みじん切りしたタマネギとニンジンを加え、オリーブオイルで炒める

2 ケチャップとウスターソース、塩、コショウを加えて味つけする

3 耐熱皿やスキレットなどに半分に切ったパイシートを置き、中心に具材を載せる

4 Aを混ぜて卵黄液を作り、パイの縁に塗る

5 パイシートをかぶせて縁をスプーンなどで押して圧着し、表面に卵黄液を塗る

6 窯に入れ、280度で焼き加減をみながら約15分焼く

調理手順1

調理手順2

調理手順4

窯焼きカレードリア

curry doria

「昨日の夕飯に食べて残ったカレー」にひと手間加えることで、また違った味わいが楽しめるというお手軽レシピ。ここでは280度で10分ほど焼いているが、チーズにほんのりと焦げ目がついたら取り出してOK。半熟卵が好みなら窯から出す時間を早くしてみよう。彩りを考え、ブロッコリーなどの野菜をプラスしてもいいかもしれない。(適温250~300度)

材料(1人分)

残りもののカレー……適量
ご飯……茶碗1.5杯分
ピザ用ミックスチーズ……適量
卵……1個

調理手順

1 ごはんを耐熱皿(グラタン皿など)に盛り、カレーを上からかける

2 中央に生卵をのせる

3 ミックスチーズをかける

4 窯に入れて焼く(280度で約10分)。チーズに焦げ目がついたら完成

調理手順1

調理手順3

調理手順5

石窯ハンバーグ

hamburg steak

ハンバーグは窯で調理すると、遠赤外線効果で肉の旨みを閉じ込め、ふっくらと仕上げることができる。肉汁が染みたジャガイモ、切ったときにあふれ出すチーズがとても美味。手順は、下ごしらえをしたらアイアンプレートやスキレットに具材を載せ、フタをせずに窯にそのまま入れればOK。焼き時間は300度で約10分だ。（適温250~300度）

材料（2人分）

	材料	分量
A	合挽き肉	300g
A	ナツメグ	少々
A	パン粉	約100g
A	卵	1個
A	タマネギ	1/2個
A	塩	適量
A	コショウ	適量
	ピザ用ミックスチーズ	適量
	ニンジン	1/2本
	ジャガイモ	1個
	砂糖	少々
	バター	少々
	オリーブオイル	適量

調理手順

1 タマネギをみじん切りにし、Aをボウルに入れて手でこねる

2 適量を手に取り、空気を抜きながら丸く成形

3 中にチーズを押し込み、厚みのある小判形に成形

4 スキレットにオリーブオイルを敷き、コンロでハンバーグの表面を軽く焼く。ニンジンは輪切りにしたあと砂糖とバターでソテー。ジャガイモはくし型に切っておく

5 ハンバーグ、ニンジン、ジャガイモをスキレットに載せて300度の窯に入れる。肉の表面に焦げ目がつき、ジャガイモに火が通ったら完成

調理手順2

調理手順3

こんがり&なめらか窯焼きプリン

baked pudding

窯料理を十分に楽しんだあとに温度が下がってきた状態で作るデザートレシピ。窯内は温度が安定しており、全体を温めて焼き上げるのでムラができにくい。固さがもう少し欲しい場合は、粗熱を取ったあとに冷蔵庫で冷やそう。(適温150～200度)

材料（4個分）

牛乳	300cc
卵黄	3個
砂糖	約40g
バニラエッセンス	適量

調理手順

1 牛乳にバニラエッセンス（またはバニラビーンズ）を加えて沸騰しない程度まで温める

2 卵黄と砂糖を混ぜ、温めた牛乳を少しずつ入れながら、泡立たないように静かに混ぜ合わせる

3 ザルなどで濾したら耐熱カップに注ぐ。気泡はつまようじなどでつぶしておく

4 耐熱の天板などに器を並べ、窯に入れて焼く。ある程度焼けてきたら砂糖をかけてさらに焼き、表面を焦がす。ここでは200度で計20分焼いている

まるごと食べられるアイデア器

vegetable and fruit bowl

野菜などはそのままアルミホイルで包み、窯に突っ込んで焼くだけでも旨いが、それにひと手間加えて器ごと食べられるおしゃれレシピを紹介。
ここで作るのはトマトのリゾット、ナスグラタン、焼きリンゴの3種類。
まるごと焼くことで、どれも器から出る水分と旨みが凝縮され、とてもおいしく仕上がる。（適温250～300度）

トマトのリゾット

材料

トマト……1個
米……約100g
水……約300cc
ニンニク……少々
オリーブオイル……適量
コンソメの素……1個
パルメザンチーズ……適量

調理手順

1 トマトのヘタから少し下を切り、スプーンでくり抜いて器を作る
2 刻んだニンニク、くり抜いたトマトの中身、米をオリーブオイルで炒める
3 コンソメの素を加えた水を少しずつ入れながら、芯が少し残る程度まで米を炒める
4 手順3のものをトマトの器に盛り、チーズを振る
5 アルミホイルで下半分を包み、窯に入れて焼く。280度で約10分

ナスのグラタン

材料

ナス……1個
合挽き肉……約50g
タマネギ……約1/8個
ニンジン……約1/6本
ケチャップ……適量
ウスターソース……適量
塩……少々
コショウ……少々
ピザ用ミックスチーズ……適量

調理手順

1 ナスを半分に切り、スプーンでくり抜いて器を作る
2 ミートパイで作った具材（手順はP120の1～2参照）に、くり抜いたナスを刻んで加え、炒める
3 ナスの器に具材を入れ、チーズをたっぷりかける
4 アルミホイルで下半分を包み、窯に入れて焼く。280度で約5分

焼きリンゴ

材料

リンゴ……1個
バター……適量
シナモンスティック……1本
砂糖……適量

調理手順

1 リンゴのヘタから少し下を切り落とし、ナイフで芯をくり抜いて器を作る
2 中心にバター、砂糖をたっぷり入れる
3 リンゴの切り落とした部分をフタ代わりに使う。中心にシナモンスティックを挿す
4 アルミホイルで包み、窯に入れて焼く。280度で約25分

完全リポート

手作り窯でパンを焼く

山本八郎さん（千葉県勝浦市）は、庭に自作した窯でおいしいパンを焼くため、娘さんや奥さんとともに試行錯誤。現在では安定的に大満足のパンを焼き上げられるようになったそう。そんな山本さんのパンの焼き方を生地作りから完全リポート。

山本さん親子が焼くのはバゲット（棒状のフランスパン）。自作の窯で、一度に8本のバゲットを焼く

山本さん自作の窯は、煙突つき二層式アーチ形。上下の窯口に鉄製の扉がつく

パンを焼くときは、鉄筋を溶接して作った台と、サウナストーンを載せた鉄皿を焼き室に備える

使用する手作り窯は二層式アーチ形

山本八郎さんが自作した二層式アーチ形窯は、耐火レンガで蓄熱層を作り、その外側を普通レンガで覆ったもの。焼き床には耐火キャスタブルで作った板を使用。また、溶接ができる山本さんはふたつの窯口の扉も鉄で自作している。スギ板張りの屋根と、擬石張りで仕上げたコンクリートブロック積みの土台により、キュートなルックスだ。

パンを焼くために山本さんが特別に用意する装備はふたつ。ひとつは鉄筋製の台。パン生地はシリコンマットを敷いた鉄皿に載せて焼くが、4枚の鉄皿を上下左右に配置できるように鉄筋を溶接して台を自作している。なお鉄皿1枚につき2本のパン生地を載せる。

もうひとつはサウナストーン。窯を温める際、焼き床にサウナストーンを載せた鉄皿を置いておき、パン生地を入れたときに水をかけて蒸気を発生させるのだ。

［使用道具］

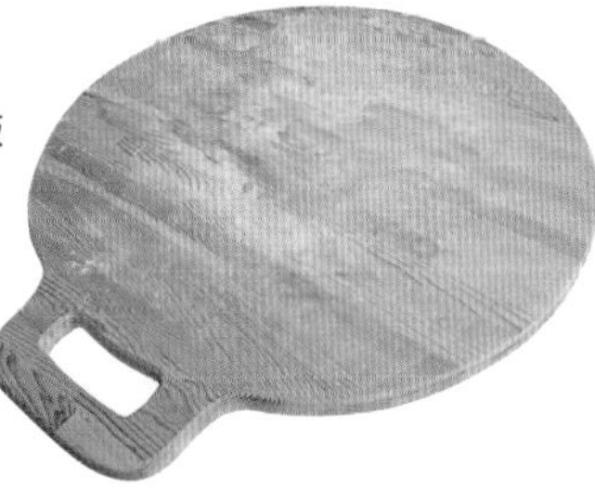
コネ台は適当な板で自作したもの

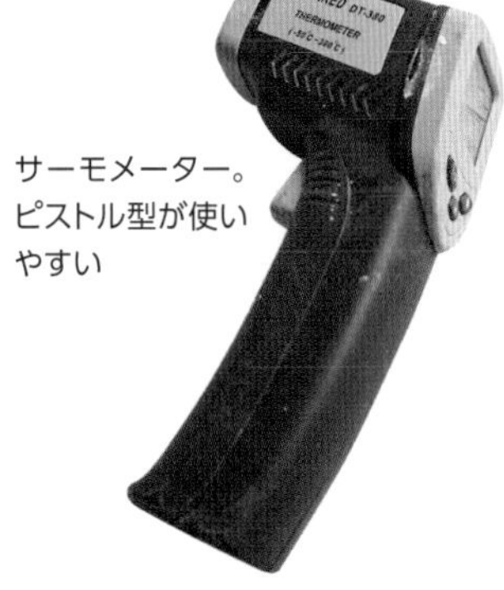

サーモメーター。ピストル型が使いやすい

発酵器も自作。箱内に電熱器、サーモスタット、断熱材（発泡スチロール）を装備

道具名	用途
量り	材料の重量をはかる
ボウル（大・小）	イーストの予備発酵、材料を混ぜる
コネ台	生地をこねる
カード	生地をそげ取る
サーモメーター	生地や窯の温度をはかる
フタつき容器（プラスチック製）	発酵時などに生地を入れる
発酵器	生地の発酵
スケッパー	生地を切り分ける
帆布、帆布台、木綿布	生地の二次発酵
クープナイフ	生地に切り込みを入れる
霧吹き	生地の表面を湿らせる
鉄皿	生地やサウナストーンを載せる
シリコンマット	生地を載せる鉄皿に敷く

スケッパー（右）とカード

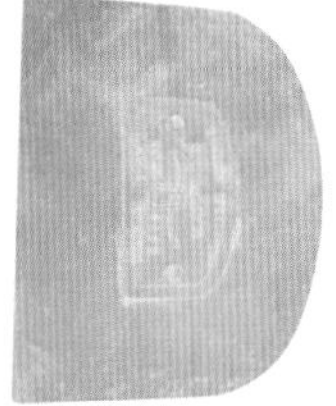

生地を載せる鉄皿と、耐熱性のあるシリコンマット。鉄皿は溶接で自作している

二次発酵の際に成形した生地を載せる帆布と、帆布をたわませずに持ち運ぶための帆布台（自作）

［使用材料］

使用する強力粉と薄力粉

材料名	分量（＊長さ40cmのバゲット8本分）
強力粉	1050g（粉総量の70%）
薄力粉	450g（粉総量の30%）
ドライイースト	9g（粉総量の0.6%）
砂糖	1.5g（粉総量の0.1%）
塩	30g（粉総量の2%）
モルトシロップ	3g（粉総量0.2%）
顆粒状ビタミンCを0.5%の溶液にしたもの	1.5g（粉総量の0.1%）
水	1050cc（粉総量の70%）
湯（40度）	27cc
打ち粉用の強力粉	適量

＊強力粉と薄力粉を合わせたものが粉総量

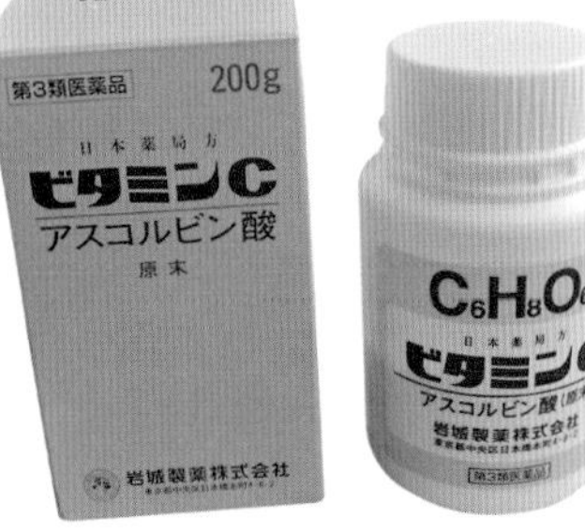

顆粒状のビタミンC。これを水に溶いて0.5%の溶液にする。薬剤店で購入できる

ドライイースト。青ラベルと赤ラベルがあり、山本さんのお気に入りは青ラベルだそう

パン生地の作り方・焼き方

STEP1 イーストの予備発酵

01

ボウル(小)にぬるま湯27ccを入れ、ドライイースト9gと砂糖1・5gを加えて混ぜたものを、40度くらいの湯が入ったボウル(大)に浮かべて湯煎する。約15～20分くらいで膨らんでくる

STEP2 生地をこねる

01

ボウル（大）に強力粉1050g、薄力粉450g、予備発酵させたイースト、塩30g、モルトシロップ3g、ビタミンC溶液1・5g、水1050ccを入れてよく混ぜる

02

打ち粉をしたコネ台に移し、こねる

03

コネ台や手に生地がへばりついたら、カードでそげ取る

04

生地を薄くしてよく伸びるようになったらこねるのを終了。この状態で生地の表面温度は24度（サーモメーターでチェック）。こね始めてから6分ほど

05

打ち粉をして、生地をまとまりやすくする

06

生地がまとまったら、プラスチック容器に入れる

STEP3 生地の一次発酵&ガス抜き

01

生地を入れた容器にフタをして発酵器に入れ、発酵を促す。電熱器とサーモスタットで温度を29度に設定。この状態で2時間おく

02

2時間おいて1.5倍ほどの大きさになったら、打ち粉をする

03

容器から生地をコネ台に取り出し、生地の端を持ち上げて折りたたむ。前後左右から折りたたむことでガスが抜ける

04

再び容器に入れ、発酵器に戻す。温度を29度に保ち、さらに1時間発酵させる

STEP4 窯の火入れ

01

一次発酵の合間に、窯に火を入れる。2時間後に焼き室が適温（240度）になるようタイミングを合わせる

STEP5 生地の分割と成形

01

一次発酵を終えた生地に打ち粉をして取り出し、1個320gずつ8個に切り分ける。切り分けはスケッパーで行なう

02

切り分けた生地を容器に入れて打ち粉をし、そのまま20分休ませる

03

それぞれの生地を両手で棒状に成形する。折りたたんだり、合わせ目をしっかり閉じたり、軽く叩いたり、打ち粉をしたりして、約40㎝の長さにする

STEP6 生地の二次発酵

01

棒状に成形した生地を帆布の上に並べる。帆布に打ち粉をし、生地1本ごとに帆布をたたんで区切る。このあと持ち運べるように帆布台に帆布を載せている

STEP7

生地に切り込みを入れて焼く

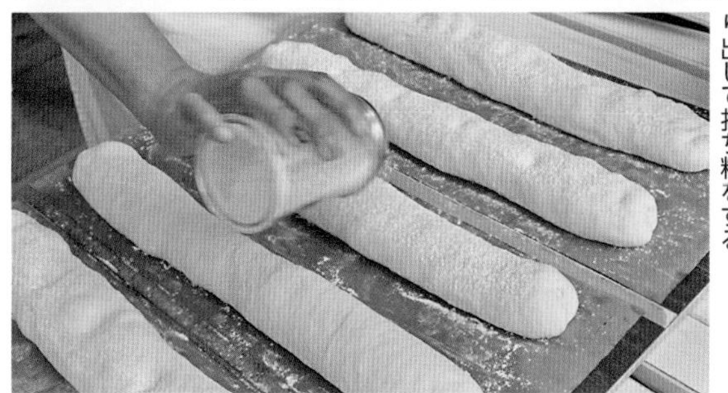
二次発酵させて生地が膨らんだら、シリコンマットを敷いた板の上に取り出して打ち粉をする

並べ終えたら、上から打ち粉をする

クープナイフ(薄刃のナイフ）で、切り込み（クープ）を入れる。切り込みは1本につき、長さ約8㎝、深さ約1.5㎝で、縦向きに5本入れる。ここからはすべての作業をできるだけ手早く行なう

帆布を折りたたんで全体を覆う

霧吹きで全体を湿らせる

さらに濡らした木綿布で覆い、乾燥しないようにする

鉄皿にシリコンマットごと生地（2本）を載せる

その状態で三たび発酵器に入れ、29度に保ったまま、1時間半発酵させる

240度の焼き室に生地を載せた鉄皿を入れる。鉄筋で自作した台に4枚の鉄皿を載せる

焼き床で温めておいたサウナストーンに水をかけて蒸気を発生させ、扉を閉める

8分後、扉を開いて生地の位置を入れ替え、まんべんなく焼けるようにする

さらに8分後、扉を開けて焼け具合を確認。いい色に焼き上がっているので、これでOK

焼き上がり

しばらく冷まして粗熱を取れば、おいしいバゲットを食べられる

香りもいい

クープも成形も成功!

いい色だね

味も最高です!

Part 6

Another idea for outdoor oven making

ピザ窯・パン窯のパーツの作り方

Part2では2タイプの窯の作り方を
基礎から仕上げまで一連の流れで紹介したが、
もちろん別の作り方もある。
ここでは焼き床、煙突、窯口のフタ、ピザピール、土台と
パーツ別にもうひとつの作り方を紹介しよう。
窯作りのバリエーションをチェックしてほしい。

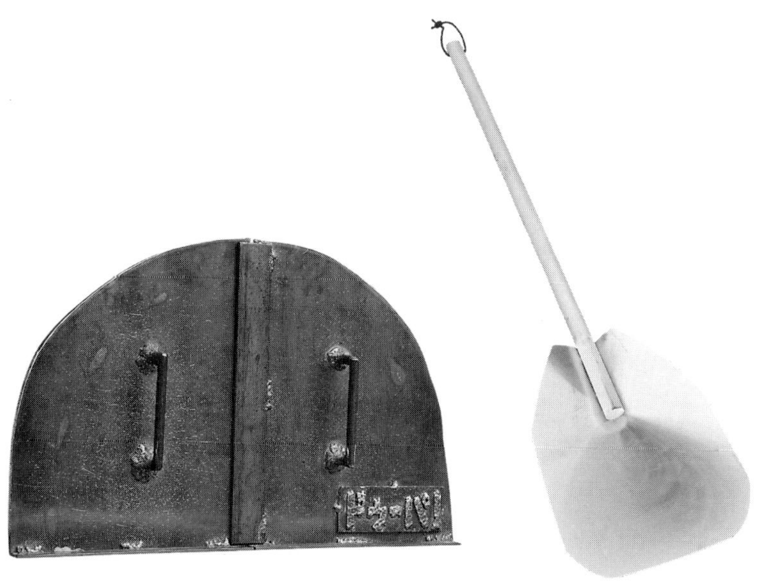

耐火キャスタブルで焼き床を作る

P10などでも触れているように、二層式窯の焼き床には、大判の耐火レンガや大谷石のほか、耐火キャスタブルで自作した板を使う方法もポピュラーだ。

水を加えて練ればモルタルやコンクリートのように扱える耐火キャスタブルを、コンパネと角材などで作った型枠に流し込み、固まるのを待って板を作る。ただし、大きくて薄い板にすると割れやすいので要注意。適当な厚さは一概にはいえないが、経験者の話をまとめると、50㎜以上にはしたほうがよさそうだ。また、「板の強度を高めるためにワイヤーメッシュを仕込んだが、熱によるワイヤーメッシュの収縮が原因で割れたのではないか」という経験者の談もある。参考にしたいところだ。

耐火キャスタブルで作った板は、二層式窯の焼き床に限らず、あらゆる窯の火床や、スクエア形窯の天井にも使える。

［型枠に入れて板を作る］

ウレタン塗装されたコンパネ（コンクリート型枠用合板）のツルツルした塗装面を底にして型枠を作る。四辺を囲む角材の厚さは、作りたい板の厚さに合わせておくと作業しやすい

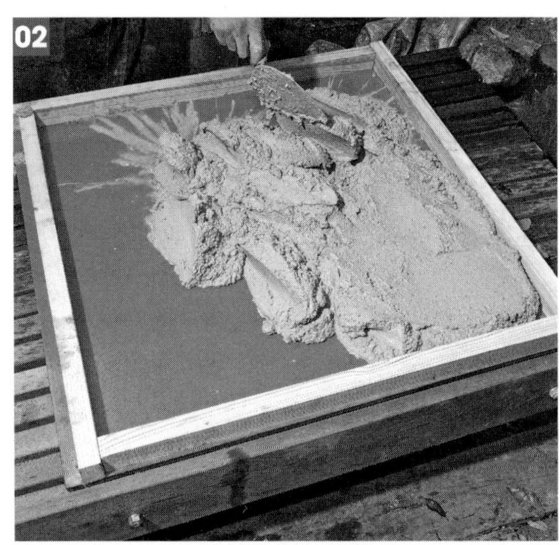

水を加えて練った耐火キャスタブルを型枠に入れ、コテで広げる。必ず水平な場所に型枠を置いて作業する

耐火キャスタブルを充てんしたら、ハンマーで四方から型枠を叩くなどして、耐火キャスタブル内の空気を抜く。ヒビ割れを防ぐため。その後、表面を仕上げゴテなどでならす。作りたい板の厚さが四辺の角材の厚さと同じであれば、すり切りにして表面を整えればいい

丸1日以上おいて耐火キャスタブルが固まったら型枠をはずして板の完成

窯に直接型枠を作る

窯の形に合わせてカットしたコンパネに、たわみを防ぐための角材を固定する

耐火キャスタブルの板を設置したい場所に、前出のコンパネを置く。たわみ防止の角材は裏面についている

角材を配して型枠を作る

型枠に耐火キャスタブルを充てんする

右ページの手順03と同様に、ハンマーで型枠を叩いて空気を抜きながら、耐火キャスタブルの表面を平らにならす

丸1日以上おいて耐火キャスタブルが固まるのを待つ

窯の組み立てが終わったら、火を入れて型枠を焼き落とす。これで完成

耐火レンガで煙突を作る

Ｐａｒｔ２、Ｐａｒｔ３の実例集を見てもわかるように、窯の煙突には薪ストーブ用を利用するケースが多い。接続パーツがそろっていることもあり、手軽に思いどおりのレイアウトにできるのが薪ストーブ用煙突の長所だ。

薪ストーブ用以外の定番といえば、耐火レンガ積みの煙突。窯全体の統一感を高めるためにレンガ積みにこだわるユーザーもいれば、コストを考えてレンガを選ぶユーザーもいるようだ。薪ストーブ用のように長く伸ばしたり、折り曲げたりするには向いていないが、見た目の味わい深さはレンガが優っているのではないだろうか。

ここで紹介するのは二層式窯の後方に煙突を設置する例。火床からの熱が届くように焼き床の後方に設けたすき間に、耐火レンガを積む。１段につき４個のレンガを並べて角筒状に積む方法もあるが、ここではコの字形に切り欠いたレンガ２個を並べ、より細い角筒を成形している。

01 製作中の二層式窯。焼き床後方のすき間にレンガ積み煙突を作る。背面のレンガ積みが、焼き床よりレンガ1個分だけ高い状態

02 耐火レンガをコの字形に切り欠くために墨つけする

03 切り落とす部分にディスクグラインダー（ダイヤモンドホイール装着）で切り込みを入れる

04 切り込みを入れ終えた状態

05 切り込みにタガネをあて、石工ハンマーで叩いて少しずつ欠き取る

06 きれいに欠き取れないところはディスクグラインダーで削り落とす

焼き床に目地の耐火キャスタブルを敷き、切り欠いたレンガを水平に設置する

続けて、目地の耐火キャスタブルを敷き、レンガの向きを変えて積む

1段ごとにレンガの向きを変えて積む。常に水平を確認する

このケースでは4段でレンガ積みが完了

すき間を板などでふさいでから砂をドーム形に盛り、濡らしたキッチンパーパーをかぶせる

型に耐火キャスタブルを塗ってドームを作り、レンガ積みの周囲もきれいに埋めたら煙突の完成

窯の熱を逃がしたくないときは、簡易ダンパーとして耐火レンガを載せ、排煙口をふさげばいい

07 レンガをコの字形に加工できた

鉄で窯口のフタを作る

鉄製の扉やフタがあると、窯のルックスはグッと引き締まる。こだわりたいユーザーなら、鉄工所にオーダーして作ってもらうということも珍しくない。

しかし溶接の経験者であれば、鉄で窯口の扉やフタを作ることはさほど難しくないだろう。もちろん未経験者でもやる気さえあれば溶接で自作することは可能だ。

ここでは100Vの半自動溶接機を使ってフタを作る例を紹介する。ほかに100Vのエアープラズマ切断機やロールベンダー（曲げ機）といった道具を使用しており、ビギナーが同じ作業環境を用意するのはハードルが高いだろうが、神奈川県鎌倉市にあるアイアンワークショップ「フェニーズ（http://www.feneeds.jp）」に行けば同様の道具を使用できる。また、同様の設備を持つ知人などを探して、相談してみるという手もあるだろう。

使用する鉄板は6㎜厚、丸棒は13㎜径。これは実は100Vの溶接機、エアープラズマ切断機にはやや荷が重い仕様だが、ゆっくり作業すればこなすことができる。

［主な使用道具］

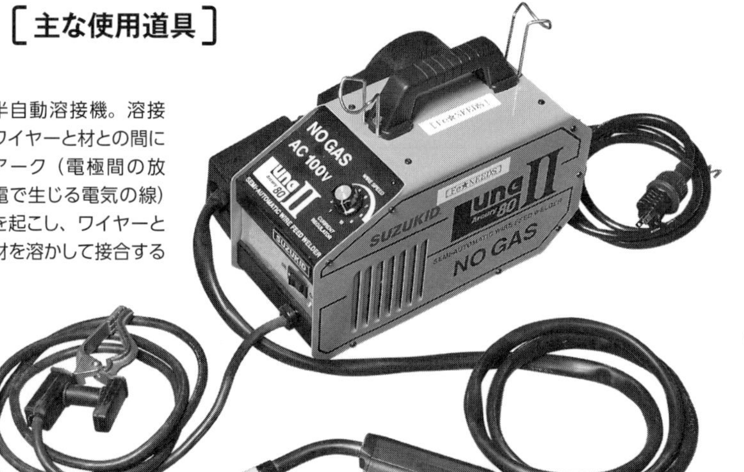

半自動溶接機。溶接ワイヤーと材との間にアーク（電極間の放電で生じる電気の線）を起こし、ワイヤーと材を溶かして接合する

スイッチを押すとトーチ先端から溶接ワイヤーが自動的に出てくる

トーチ先端を材から10㎜ほど離してスイッチを入れ、アークを起こす。そのまま溶接部分に沿ってずらせば溶接できる。半自動溶接機はビギナーも親しみやすい

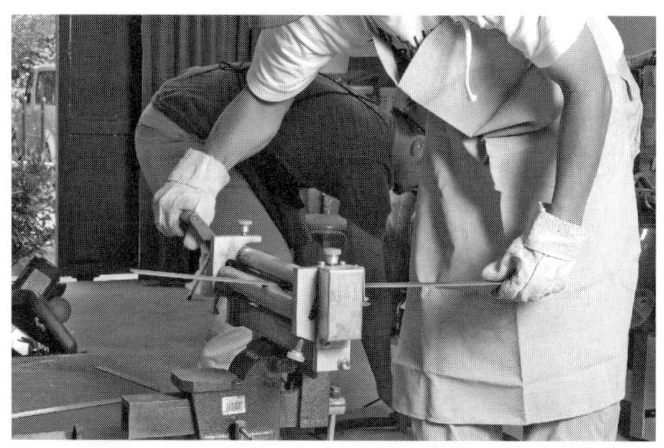
ロールベンダーをバイスに固定。レバーを回してローラーの間に材を通すと、材が曲面になる。ローラーの間隔を調節すれば、曲がりの大きさを変えられる

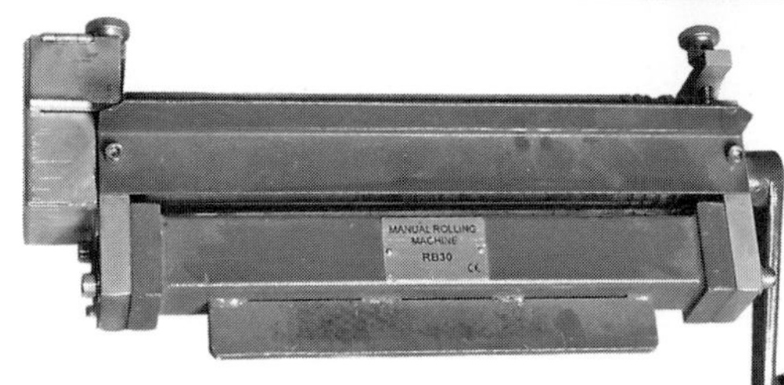

ロールベンダー。ふたつのローラーの間に材を通して曲げる

エアコンプレッサーにつないで使用する100V仕様のエアープラズマ切断機

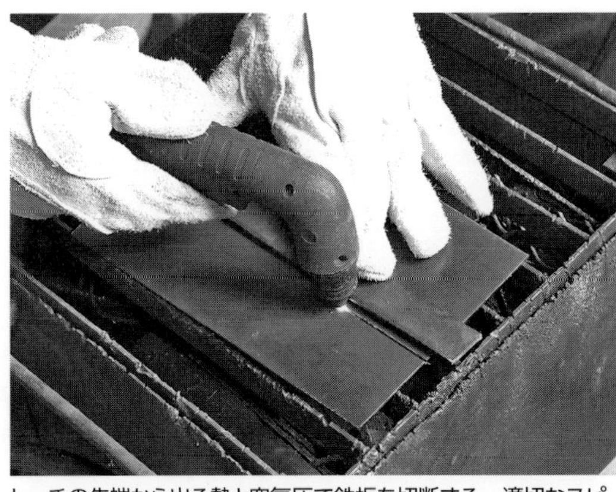

トーチの先端から出る熱と空気圧で鉄板を切断する。適切なスピードでトーチを動かす感覚をつかめれば、とても楽に切れる。真っすぐ切るには、定規にトーチを沿わせればいい

切断後の溶けカスは金属製のヘラで削ぎ落とす。厚みのあるヘラが使いやすい。さらにディスクグラインダーで磨けば完璧

[鉄工・溶接の基本スタイル]

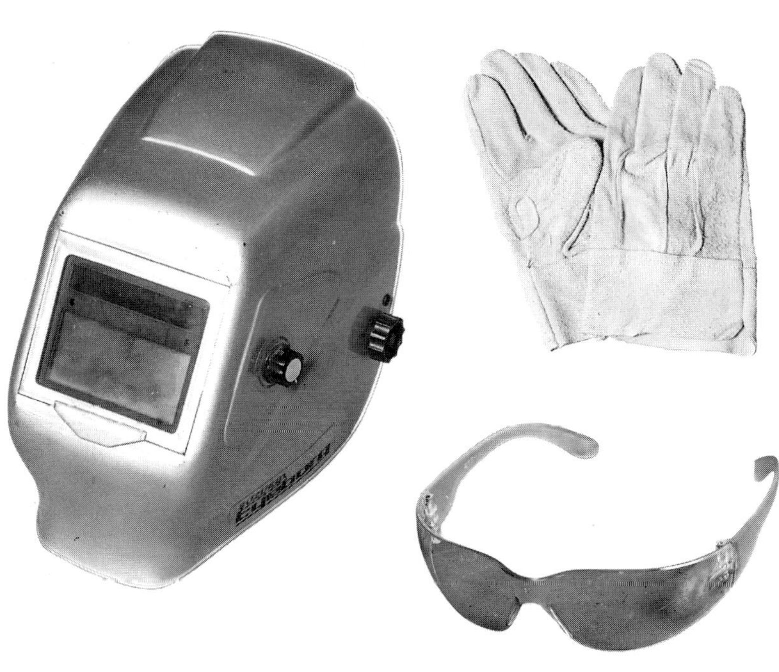

鉄工の基本スタイルは革手袋と難燃性素材のエプロン。とくに火花が飛び散る切断や研磨、溶接作業には欠かせない。また切断、研磨には安全メガネ、溶接には溶接面を装着する

STEP1
各部材を準備する

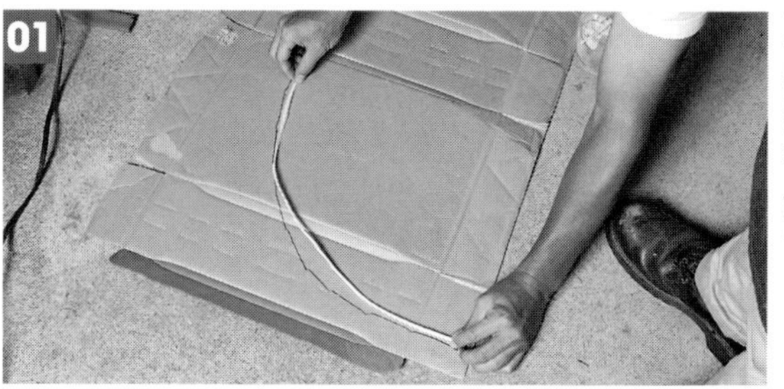

01 窯口の形（半円形）をダンボールに描き、弧の半分にヒモをあてて長さを写し取る

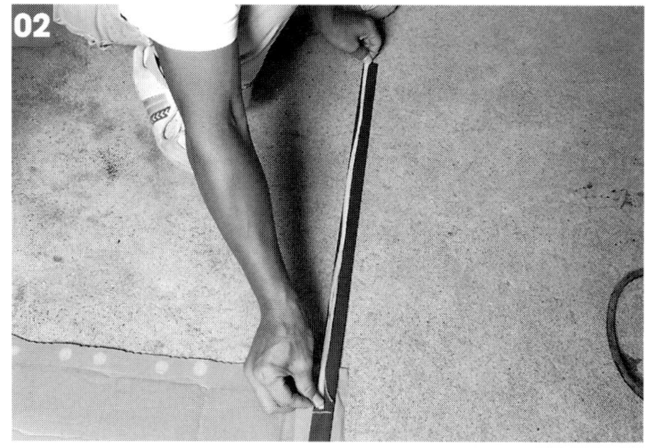

02 ヒモをフラットバー（2・3㎜厚×25㎜幅）にあて、弧の半分の長さを写す

03 弧の半分の長さに切断したフラットバーをロールベンダーに通し、弧と同じアールをつける。一度に大きく曲げるのではなく、繰り返しベンダーに通して少しずつ曲げる

04 弧の半分に合わせて曲げたフラットバー×2、下辺の半分の長さに切断したフラットバー（4㎜厚×25㎜幅）×2をそろえる。これらがフタの裏面につけるリブとなる

05 フタ本体は窯口より30㎜大きくする。窯口の形に切り出したダンボールを鉄板（6㎜厚）に置き、半径が30㎜大きい半円を描く

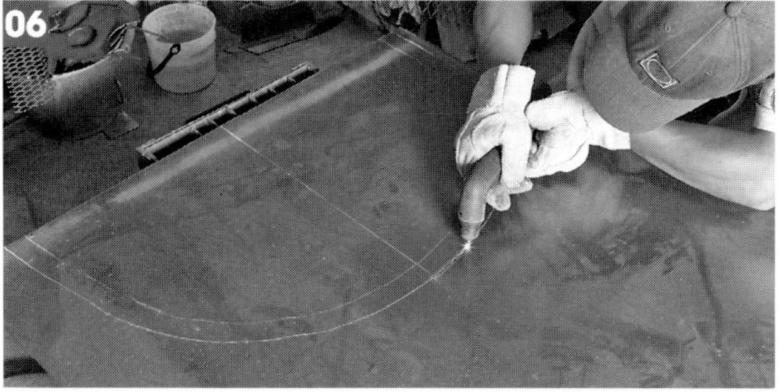

06 描いた線のとおりにエアープラズマ切断機で切る。6㎜厚は100Vのエアープラズマ切断機で切断できる限界に近い。トーチを両手で保持しながら、ゆっくりと動かす

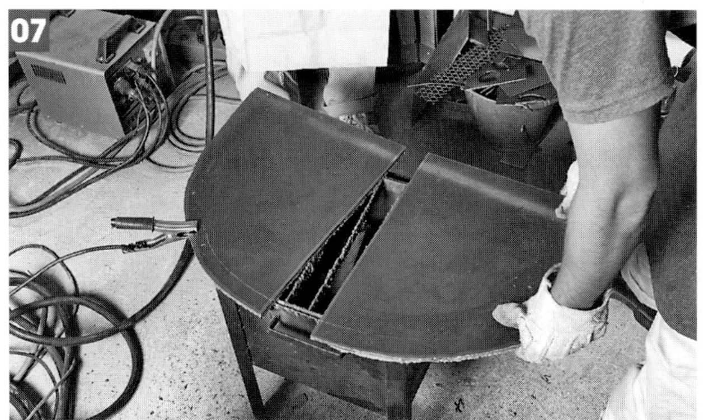

07 半円形に切ったら、真ん中でふたつに切り分ける

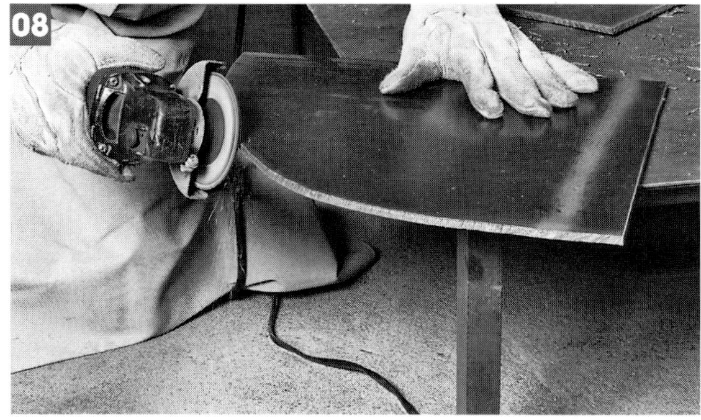

08 溶けカスを金属のヘラで削ぎ落とし、切断面をディスクグラインダーで磨く

下辺の直線リブの溶接が完了

続いて曲線リブを溶接する。まず直線リブに点づけして仮留めしてから、直線リブと同じような長さと間隔で5カ所を溶接をする

本体表側の下辺にもリブを溶接し、自立するようにする

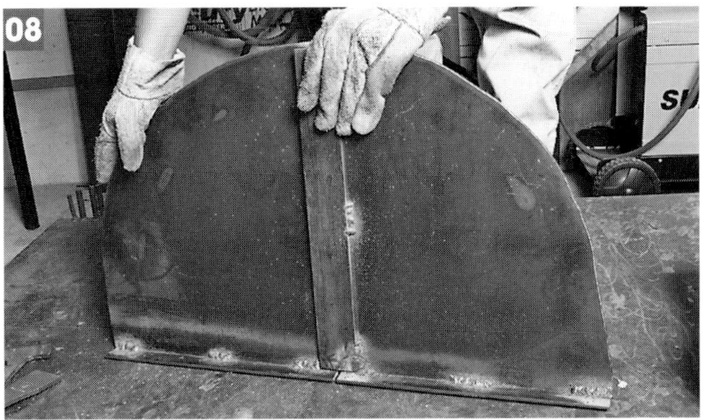

左右のフタの継ぎ目に目張り板を溶接する（6㎜厚×50㎜幅のフラットバー）

STEP2 本体にリブなどを溶接する

まず下辺の直線リブを溶接する。下側から点で溶接する（仮留め）

続いて上側から本留めする。線を描いた3カ所を溶接する

6㎜厚の鉄板と4㎜厚のフラットバーにじっくりと溶け込ませるため、両者の間を縫うように、ゆっくりとトーチ先端を動かす

ワイヤーブラシや金属ヘラで、溶けカス、スパッタ（火花の跡）を取り除く

取っ手を本体表面に取りつける。一方を仮留めしておいて、もう一方を本留めする。6㎜厚と13㎜径の溶接なので、これまで以上に広範囲に溶け込ませてガッチリと固定する

取っ手の固定が完了

STEP4 マークをつける

フタの表面にマークをつけて仕上げる。まず、カーボン紙を使って鉄板（3㎜厚）にマークを写す

STEP3 取っ手をつける

取っ手用に、丸棒（13㎜径）を適当な長さで切り出す

外側を溶接で点づけして仮留めしてから、表裏からしっかり溶接して本留めする

溶接した部分をディスクグラインダーできれいに磨く

エアープラズマ切断機でマークを切り抜き、土台となる鉄板（3㎜厚）を切り出す

土台にマークを溶接したら、先が丸いハンマーでマーク全体を叩いて叩き跡をつける

ワイヤーブラシで溶けカスやスパッタを取り除き、サンドペーパーで磨いた状態

フタの表面に土台を点づけして完了

窯口のフタが完成

木とケイカル板で窯口のフタを作る

鉄製ほど本格的でなくても、ひとまず窯口をふさぐフタが欲しいという場合は、木とケイカル板で作るのが手軽。簡単な日曜大工のテクニックで製作できる。

耐火断熱材であるケイカル板を裏面に張るため、一般的な使い方をしてすぐに燃えてしまうということはないはずだが、使い続けるうちに焦げたりするのは、木製だから仕方ない。使用に耐えなくなったら作り直せばいいというくらいの気軽さで取り組みたい。

耐久性は高くないが、木製ならではの質感はやはり魅力的。窯の雰囲気を柔らかいものにしてくれるだろう。

四角形の窯口のフタを作る

01 2×4材などの木材でフタを組み立てる。表面に角材をビス留めして取っ手とし、その角材を介して2枚の板を継ぐ。窯口より少しだけ小さいサイズに仕上げる

02 同サイズにカットしたケイカル板（5㎜厚程度）を裏面に張る。下穴をあけてからビス留めする

03 窯口に収めてフタの完成

アーチ形の窯口のフタを作る

01 アーチ形の窯口を作る際に型として使用したものを木材にあてがい、曲線を墨つけする

02 ジグソーなどで墨線どおりにカットする

03 四角形の窯口のフタと同様に組み立て、裏面にケイカル板を張って完成

アルミ板と丸棒でピザピールを作る

ピザを窯に入れたり窯から出したりするときに、あると便利なのがピザピール。いろいろなタイプが市販されているが、簡単に自作できるのでトライしてみてはいかがだろうか。

ピールの自作方法については、100円ショップで入手した金属製バットをカットして利用したり、木の板を加工したりと、さまざまなパターンが見られる。単純な構造なので、目に入ったり思い浮かんだりした適当な材で作ることができるだろう。

ここでは0・5㎜厚のアルミ板と木の丸棒を接合して作る方法を紹介しよう。

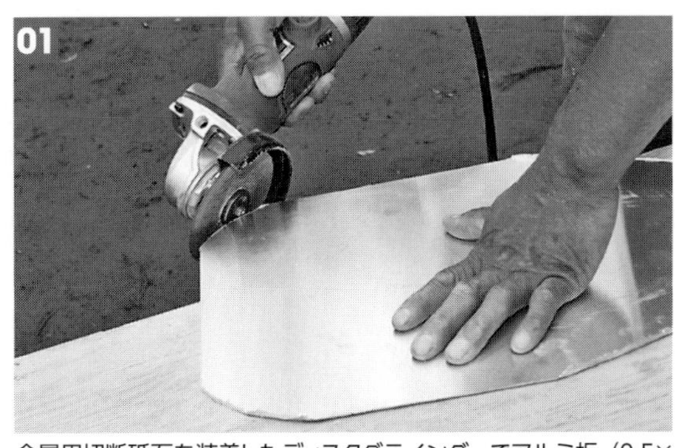
01

金属用切断砥石を装着したディスクグラインダーでアルミ板（0.5×300×400㎜）をピールの形にカットし、切り口のバリを削る

02

取りつけ部分に丸棒（30㎜径×910㎜）をあてがい、アルミ板の裏側からカナヅチで叩いて取りつけやすい形に曲げる

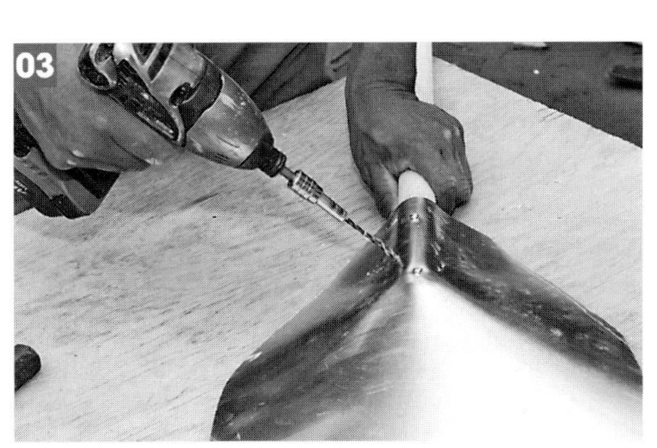
03

アルミ板に下穴をあけ、ビスで丸棒に固定する

04

作業台など適当なところにアルミ板の先端を押しつけ、スコップのように成形する

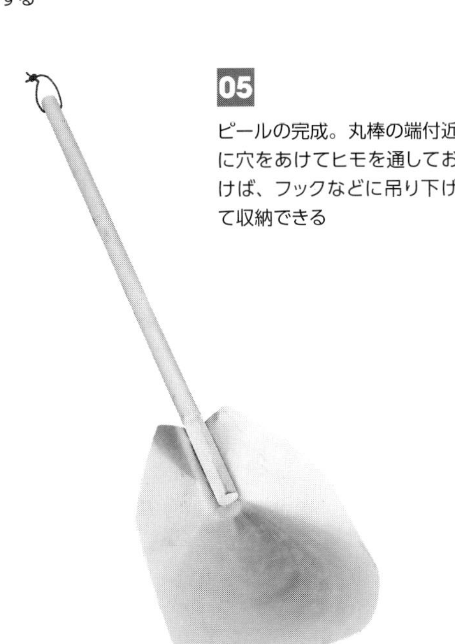
05

ピールの完成。丸棒の端付近に穴をあけてヒモを通しておけば、フックなどに吊り下げて収納できる

枕木で土台を作る

窯の土台といえばコンクリートブロック積みが圧倒的にポピュラーであることは、本書をここまでご覧いただけばわかるだろう。頑丈で耐久性が高く、さまざまな資材を塗れたり張れたりと化粧のバリエーションが多く、コストも低めということで、その人気には納得できる。

ただ、モルタルワークが必須のブロック積みは、DIYビギナーには少しハードルが高いかもしれない。一定の専門道具をそろえなければならず、重い資材を運んだり、モルタルやコンクリートを練ったりと体力を要し、セメント類を扱うと準備や片づけにも手間がかかる。

そこで、より手軽な土台作りの方法を検討する人もいるかと思うが、たとえば枕木積みはいかがだろうか。ブロック積みに比べれば、材料費は高い、耐久性は低い、資材は重いとデメリットも多いが、ふたりで作業すれば、とてもスピーディーに仕上げられるのが魅力だ。

01 1段目の枕木2本を設置する場所を深さ100㎜ほど掘り、砕石を敷いて突き固める。砕石の厚さは50㎜程度

02 2カ所の砕石上面をほぼ水平に調整する

03 設置する枕木を必要な長さにカットする。チェンソーがあれば申し分ないが、丸ノコでも切れる。ただし、刃が傷むことは覚悟しよう。枕木の長さは窯のサイズに合わせる。ここでは1000～1100㎜としている

04 砕石の上に枕木を設置し、上からタンパーで突く

05 枕木を水平に調整し、2本の枕木の高さもそろえる

06 突き棒（細い丸太や長いバールなど）で枕木の周囲を突いて、地面に固定する

1段目の枕木の適当な位置（2段目の枕木を井桁に載せる位置）に、鉄筋を差し込むための下穴をあける。10㎜径の鉄筋を使うので、少し細い9・5㎜径のドリルを使っている

100～150㎜程度にカットした鉄筋のおよそ半分を、ハンマーで下穴に打ち込む。鉄筋の両端をディスクグラインダーで削って少し尖らせておくとスムーズに打ち込める

2本の枕木に鉄筋を差し込んだら、2段目の枕木を井桁に載せ、下に鉄筋があるあたりを上からハンマーで強く叩く

2段目の枕木を裏返すと、鉄筋の先端があたった位置が窪んでいる

窪みの位置に下穴をあける

2カ所に下穴をあけたら、下穴と鉄筋の位置を合わせながら、2段目の枕木を載せる

下穴に鉄筋がはまったら、上からタンパーで突き、1段目と2段目の枕木を固定する

同様の作業を繰り返し、土台が完成。ここでは5段積み、高さ約600㎜としている。中古枕木のラフな雰囲気に合わせ、枕木をあえてふぞろいに突き出させている。最上段は窯の火床を載せるため、3本の枕木を載せてすき間を小さくしている

新版

ピザ窯・パン窯の作り方

2019年4月7日　第1刷発行
2023年9月24日　第2刷発行
発行人　松井謙介
編集人　長崎　有
発行所　株式会社　ワン・パブリッシング
〒110-0005　東京都台東区上野3-24-6
印刷所　共同印刷株式会社

●この本に関する各種お問い合わせ先
内容等のお問い合わせは、下記サイトのお問い合わせフォームよりお願いします。
https://one-publishing.co.jp/contact/

不良品（落丁、乱丁）については業務センター　Tel 0570-092555
〒354-0045 埼玉県入間郡三芳町上富279-1

在庫・注文については書店専用受注センター Tel 0570-000346

ワン・パブリッシングの書籍・雑誌についての新刊情報・詳細情報は、下記をご覧ください。
https://one-publishing.co.jp/

※本書は2019年4月に学研プラスから刊行されたものです。
※本書に掲載のデータ、価格などは2019年4月現在のものです。

STAFF
EDITORS　豊田大作／設楽 敦／宮原千晶／中村信之介（株式会社キャンプ）
PHOTOGRAPHERS　佐藤弘樹／清水良太郎／竹内美治／田里弐裸衣／谷瀬 弘／那須川 薫／福島章公／門馬央典
ILLUSTRATORS　丸山孝広／山本 勇
DESIGN & DTP　西巻直美／長谷川 碧（株式会社明昌堂）
ASSISTANT　上ノ坊 温